함께 사는 경기도의 외국인 주민

도민과 함께 읽는 경기학 총서 2
함께 사는 경기도의 외국인 주민

2025년 4월 5일 초판 인쇄
2025년 4월 10일 초판 발행

지은이 | 임영상 · 김용필 · 신상록 · 김소희 · 김용국 · 문 민 · 문선아 · 배은경 ·
    소학섭 · 오경석 · 이 영 · 이종순 · 임현숙 · 최원준 · 최영일
교정교열 | 정난진
펴낸이 | 이찬규
펴낸곳 | 북코리아
등록번호 | 제03-01240호
주소 | 13209 경기도 성남시 중원구 사기막골로45번길 14
    우림2차 A동 1007호
전화 | 02-704-7840
팩스 | 02-704-7848
이메일 | ibookorea@naver.com
홈페이지 | www.북코리아.kr
ISBN | 979-11-94299-37-0 (03330)

값 18,000원

도민이 함께 읽는 경기학총서 2

함께 사는 경기도의 외국인 주민

임영상 · 김용필 · 신상록 · 김소희 · 김용국 · 문민 · 문선아 · 배은경 ·
소학섭 · 오경석 · 이영 · 이종순 · 임현숙 · 최원준 · 최영일 지음

북코리아   GAAS
경기학회

지금 경기도의
외국인 주민은…

　　2022년 11월 기준 행정안전부의 통계에 의하면, 경기도에는 총인구(1,371만 7,827명)의 5.5%인 75만 1,507명의 외국인 주민이 거주하고 있다. 다문화·다인종 사회를 향해가는 우리 사회에서 선주민과 이주민이 더불어 사는 환경 조성은 피할 수 없는 과제가 되었는데, 마침내 2024년 7월 경기도는 지방자치단체로서는 처음으로 이민사회국을 신설했다.

　　경기도 안산시 단원구 원곡동에 가면 원곡동행정복지센터 바로 옆에 안산시 외국인주민센터가 있다. 2008년 2월 안산시의 26번째 주민센터로 세워졌다. 처음에는 '다문화교류센터'로 계획되었는데, 외국인도 한국 사회의 주민으로 받아들여야 한다는 생각에서 '외국인주민센터'가 되었다. 전국 최초다. 당시로는 대단히 앞선 생각이었다. 지금 원곡동에서 외국인 (출신) 주민은 원곡동주민자치위원으로 참여하면서 '글로벌 원곡동'의 구성원으로 살아가고 있다.

　　한국의 대표적 다문화 도시인 안산시 원곡동은 1970년대 반월공단과 도시계획이 진행되면서 개발권 지역 내 원곡리, 신길리, 원시리, 선부리, 목내리, 초지리, 성곡리 등에 거주하던 이주민이 모여 살게 된 곳이다. 1990년대 초까지만 해도 원곡동은 전국에서 온 노동자의 새로운 삶터였다.

1980년대 후반 노동운동의 발전으로 국내 노동자의 생활여건이 전반적으로 향상되자 저임금노동을 꺼리는 현상이 두드러졌다. 1990년대 초 인력난이 더욱 심화하자 외국인력을 근로자로 도입하는 대신에 '해외투자기업연수생제도'가 도입되었다. 1991년 11월부터 시행된 기업연수생제도가 1993년 '산업연수생제도'로 변경되었다.

원곡동에서도 인력난으로 내국인 노동자가 감소하면서 산업연수생제도와 고용허가제 등을 통해 외국인 노동자가 증가하기 시작했다. 원곡동의 상업 대상이 내국인 노동자에서 외국인 노동자로 바뀐 것이다. 그런데 외국인 산업연수생제도는 외국인을 '노동자' 신분이 아닌 '연수생' 신분으로 고용함으로써 불법체류(미등록 체류), 인권침해 등의 문제가 생겼다. 2004년 8월부터 외국인 고용허가제(「외국인 근로자의 고용 등에 관한 법률」)가 도입되었으며, 현재 전국의 산업단지에 근무하는 외국인이 이제는 '외국인 주민'으로 우리와 함께 살고 있다.

외국인의 사회통합과 거주 지원을 위한 정책이 시작된 것은 외국인 노동자가 급증하고 관련된 사회문제가 대두되기 시작한 2005년부터다. 2005년 12월 노무현 전 대통령이 외국인 인권문제와 외국인 정책의 필요성을 언급했고, 이를 계기로 기존의 외국인 노동자를 대상으로 한 출입국관리정책 및 외국인력정책에서 벗어나 외국인과의 공생을 염두에 둔 외국인 정책이 마련되기 시작했다. 2006년 5월, 대통령 주재로 제1회 외국인정책회의를 개최하여 '외국인 정책 기본방향 및 추진체계'를 확정했다. 심의조정기구로서 외국인정책위원회(2006.5.23), 총괄추진기구로서 법무부 출입국외국인정책본부(2007.5.10)가 출범했고, 외국인 정책의 기본법이라 할 수 있는 「재한외국인처우기본법」이 제정되었다(2007.7.18).

경기도는 전국에서 가장 많은 외국인 주민이 거주하고 집중거주 지역도 가장 많다. 경기도는 2008년 10월 「경기도 외국인 주민 지원조례」를 제정해 도내에 거주하는 외국인 주민이 지역사회에 조기 정착할 수 있도록 지원하고, 지역민과 함께 살아갈 수 있는 여건 형성을 위한 적절한 시책을 추진할 수 있는 법적 근거를 마련했다. 2011년에는 「경기도 외국인 인권 지원에 관한 조례」를 제정해 경기도에 거주하는 외국인이 차별받지 않고 자유롭고 존엄한 인격체로서 생활을 영위할 수 있도록 했다. 그러나 외국인정책과가 신설된 것은 2019년이다.

제1부는 "경기도의 산업발전과 외국인, 그리고 인권"이다. 먼저 경기도에서 최초로 설립된 반월과 시화 국가산업단지, 그리고 이곳에서 삶터를 이룬 외국인의 '고향'인 안산시 단원구 원곡동 다문화특구마을 이야기다. 임영상이 경기학회에서 발표한 내용을 보완했다.

지하철 4호선 안산역 1번 출구로 나와 큰길 건너편을 바라보면 한국의 어디에서도 볼 수 없는 광경이 펼쳐진다. "여기가 한국이야?" 한국의 대표 다문화 도시 안산(원곡동)이 우리를 맞이한다. 다문화특구마을 '세계음식문화거리'로 들어서면, 서울의 이태원과는 차이가 나는 한국을 새로운 삶터로 일군 이주민의 분주한 삶을 만난다.

이제 안산은 다문화를 넘어 '상호문화' 도시로 다시 한국 사회가 나아가야 할 방향을 제시하고 있다. 1,400만 경기도민이 날마다 만나는 이웃, 외국인 주민에 대한 경기도의 외국인 정책도 사실은 안산에서 시작되었다고 할 수 있다.

한편, 국내 체류 외국인은 한국에서 출생하지 않은 외국 국적 '외국인(non-citizen)'과 '지역주민'이라는 복합 정체성을 갖고 있다. 그리고 현재 「지방자치법」상 외국인 주민도 '주민'이다. 그런데 코로나19 상황에서 공적 마스크 구매나 재난지원금 지원 사례에서 외국인은 차별을 받았다. 또, 특히 농촌 지역에서 일하는 외국인 근로자의 주거환경은 열악하기 짝이 없고 경기도 포천에서 사망사고까지 발생한 바 있어 경기도외국인권지원센터가 수행해온 노력을 살펴볼 필요가 있다. 경기도외국인인권지원센터 오경석 소장이 썼다.

제2부는 경기도 내 10곳의 중국동포타운과 8곳의 고려인마을 중 단체 (지원) 활동이 활발한 중국동포타운(안산, 수원, 시흥)과 고려인마을(안산, 화성, 안성) 각기 3개 지역에 사는 귀환 동포들의 한국살이 이야기다. 임영상과 김용필이 경기학회에서 발표한 내용을 보완했는데, 문민(중국동포 자녀교육), 배은경(1920~1930년대 연해주의 고려인), 임현숙·소학섭(고려인동포 자녀교육) 네 분과 함께 썼다.

1988년 서울올림픽은 사회주의 체제에 살면서 한반도의 북쪽만을 '역사적인 조국'으로 알고 있던 구소련과 중국 동포사회에 신선한 충격을 주었다. 1990년 한소(러시아)수교와 1992년 한중수교를 전후하여 고려인과 조선족은 '남조선'이 아닌 '동화 같은 나라' 한국 사회와 만나기 시작했다. 그리고 '코리안드림'을 이루기 위해 한국에 들어왔다.

'귀환' 동포임에도 조선족과 고려인은 한국에서 사실상 이방인(異邦人)과 다름없었다. 한국의 역사를 배우지 못했고 무엇보다 생활문화가 달라진 것이다. 해외에서 한인이 코리아타운을 형성하듯이, 그들은 코리아에서 '코리아타운'인 중국동포타운과 고려인마을을 이루어 고단한 한국살이를 시작했다. 1999년 「재외동포법」이 제정되었으나, 1948년 대한민국 정부 수립 이후에 떠난 한민족 3세대까지만 재외동포로 인정되었다. 조선족과 고려인이 '재외동포'의 지위를 얻게 된 것은 2004년 「재외동포법」 개정 이후다.

2007년 방문취업(H-2) 체류자격제도가 시행되면서 중국동포와 고려인동포의 '합법적인 한국살이'가 시작되었다. 서울 서남권인 가리봉동과 대림동을 중심으로 한 중국동포사회는 다양한 자조 단체가 결성되고 동포언론의 활동도 활발해졌다. 고려인동포의 경우는 경기도 안산(선부동)과 광주광역시 광산(월곡동)에 고려인마을이 형성되기 시작했다.

2014년(재외동포 F-4 체류자격)과 2015년(방문취업 H-2 체류자격) 중국동포와 고려인동포에 대한 가족동반 허용은 국내 동포사회에 큰 변화를 가져왔다. 중국과 CIS 지역에서 태어나 학교에 다니던 동포 자녀들이 '중도입국' 청소년으로 한국에 들어와 '가족 이주'가 이루어졌다. 이제 동포사회는 더는 돈을 벌어 출신국으로 돌아가기보다 '조상의 나라' 한국 정착이 대세가 되었다. '귀환' 동포의 한국살이가 본격화된 것이다. 중국에서 한족 학교를 다니다가 들어온 중국동포 자녀도 한국 학교 적응이 쉽지 않았다. 한국어를 상실한 고려인동포 자녀는 더 말할 것이 없었다. 동포 자녀의 교육·취업 지도가 한국 사회의 현안이 되었다. 또한, 수교 초기에 들어온 중국동포의 고령화에 따른 복지(돌봄)도 중요해졌다. 자녀를 돌보기 위해 들어온 고려인동포도 마찬가지 경로를 따라가고 있다.

제3부는 외국인 주민이 1만 명 이상 거주하거나 외국인 주민 비율이 5% 이상인 경기도 23개 시의 '외국인 주민 현황 및 공동체 활동' 이야기가 중심이다. 책 제목 "함께 사는 경기도의 외국인 주민"이 나오게 된 배경이다. 가능하면 해당 도시에서 외국인 지원단체를 운영하는 활동가를 필자로 섭외했다. 남양주(이영), 수원(이종순), 용인(김용국·김소희), 김포(최영일), 동두천과 파주(최원준·문선아) 지역이다. 임영상(안산, 화성)과 김용필(성남, 시흥, 오산, 평택)이 아시아발전재단이 간행한『한국에서 아시아를 찾다』(2021)를 쓰는 과정 및 그동안 경기학회에서 발표한 내용을 토대로 작성했고, 포천에서 다문화 대안학교를 운영하는 신상록이 경기도(포천, 고양, 부천, 안산)의 다문화 대안학교와 경기북부(의정부, 양주) 내용을 썼다.

행정안전부가 발표한 '2021년 지방자치단체 외국인 주민 현황'에 따르면, 전국 외국인 주민 수는 2021년 11월 기준 213만 4,569명이다. 그중 경기도는 71만 4,497명으로 33.5%를 차지해 서울 42만 6,743명(20.0%)보다 훨씬 높다. 시·군·구별로는 경기 안산이 9만 4,941명으로 가장 많았고, 수원 6만 5,885명, 시흥 6만 4,570명, 화성 6만 2,542명, 부천 5만 3,080명, 서울 구로구 5만 2,433명, 서울 영등포구 5만 999명 순이었다. 외국인 주민이 1만 명 이상 또는 인구 대비 5% 이상 거주하는 시·군·구는 86개 지역인데, 경기도가

23개 지역으로 가장 많고 서울은 17개 지역이다.

　"도민이 함께 읽는 경기학 총서"의 하나로 기획된 『함께 사는 경기도의 외국인 주민』은 1년 전에 출간될 예정이었다. 따라서 책에 나오는 외국인 주민 수는 대부분 2021년 11월 1일 기준으로 2022년에 나온 자료다. 참고로 2024년 10월에 발표된 2023년 11월 기준, 2023 지방자치단체 외국인 주민 현황 통계에 따르면, 외국인 주민은 245만 9,542명으로 총인구(5,177만 4,521명) 대비 4.8%다. [2021년 11월 기준 통계는 4.1%였다.] 그중 경기도는 80만 9,801명(33%)으로 변화가 거의 없는데, 서울은 44만 9,014명(18%)으로 2% 줄었고 인천 16만 859명(6.5%), 충남이 15만 5,589명(6.3%)으로 그 뒤를 잇고 있다. 외국인 주민이 1만 명 이상 또는 인구 대비 5% 이상 거주하는 시·군·구는 127개로 2년 전보다 무려 41개 지역이 늘어났고, 경기도는 23개에서 24개로 연천군이 2,179명(5.3%)으로 새롭게 포함되었다.

———

　2023년 12월 경기학회는 1,400만 경기도민이 함께 읽을 수 있는 '교양' 총서를 출판하기로 했다. 2015년 학회 창립 이후 학회 학술행사에서 발표되었거나 학술지 『경기학연구』에 발표된 내용을 토대로 작성하기로 했다. 그러나 『함께 사는 경기도의 외국인 주민』은 제1부의 2장과 제3부의 대부분이 새로 쓰인 것이다. 경기도외국인인권지원센터와 여러 지역의 외국인복지센터 및 지역 소개글 모두 현장활동가들이 썼다. 그만큼 경기도의 외국인 주민이 바로 우리의 이웃이라는 생각이 투철한 분들이다. 처음 책의 구성을 같이 논의한 김용필·신상록 외 함께 글을 써준 활동가 여러분 모두에게 진심으로 감사드린다.

　2024년 12월 경기학회는 처음 계획과 달리, '도민이 함께 읽는 경기학 총서'를 전자책으로 간행하기로 했다. 그런데 『함께 사는 경기도의 외국인 주민』은 경기도와 31개 시군의 외국인(다문화) 담당 공직자들도 손쉽게 참고할 수 있으면 좋겠다는 생각에서, 재외동포와 다문화 관련 책을 지속해서 출판하는 북코리아의 후의로, 북코리아 · 경기학회 공동간행으로 펴내게 되었다. 경기학회 김성하 회장과 경기학총서 공동 간행위원장인 강진갑 · 이정훈 전임 회장, 북코리아 이찬규 대표와 편집부에 감사드린다.

2025년 4월
15인의 필자를 대표하여
임영상

CONTENTS

CONTENTS

CONTENTS

PART I

경기도의
산업단지와
외국인,
그리고
인권

1

반월·시화 국가산업단지와 안산시 원곡동 다문화특구

임영상

한국 정부는 1960년대에 수출주도형 경공업 육성을 위해 구로와 울산에 공업난지를 만늘었다. 1970년대에는 중화학 산업을 육성하고자 포항, 구미, 창원에 공업단지를 조성하면서 1976년 하반기에 수도권 및 대도시권을 중심으로 한 사회간접자본 확충과 지역 간 격차로 인한 문제를 해소한다는 정책을 입안했다. 1977년 3월 기본계획이 결정되어 고시되었는데, 경기 반

한국 산업단지의 변화

출처: 한국산업단지공단

월·시화, 인천 남동, 전남 대불, 전북 군산에 산업단지를 개발했다. 경기만의 반월·시화 지역이 선정된 것은 국토의 균형적 발전과 서해안 개발의 거점을 확보하여 서울로의 인구 유입을 흡수한다는 취지에서였다.

반월국가산업단지와 시화국가산업단지

반월국가산업단지(안산스마트허브)는 경기도 안산시 단원구 원시동·목내동·초지동·성곡동 등에 있는 산업단지다. 수도권에 산재한 중소 공장들을 이전·수용함으로써 인구 및 산업시설을 분산시키기 위해 조성되었다. 1977년 3월 「도시계획법」상 공업지역으로 지정되고, 1988년 지방공단으로 지정되었다. 당시는 입주업체 선정에서도 서울 및 경기도 일원에 흩어져 있는 용도지역 위반 공장을 우선으로 입주시켰다. 이를 촉진하기 위해 일정 기간 조세 감면, 금융 특별 지원 등 입주 기업체에 많은 편의를 제공했다.

반월국가산업단지의 특성은 산업공업형 공업단지로 개발되었다는 점이며, 공장의 집단적인 수용만을 목적으로 한 것이 아니었다. 주거·공해·도시 환경이나 생활환경 문제 등을 해결한 인구 30만 규모의 배후도시를 건설하여 자연환경을 최대한 보존하는 공업단지 건설이 목표였다. 공장배치에서도 비공해 업종(식품·의류 섬유·목재)은 주거 지역과 인접한 곳에, 공해 업종(화학·금속·비금속제조업)은 임해 지역에 배치하도록 했다. 특히, 풍향을 고려하여 대기 오염형은 단지 내의 서남단에 배치하고, 수질 오염형은 남단에 배치했다. 또한, 쾌적하게 근무할 수 있도록 공장과 주거 지역 사이에 공해 차단 녹지대를 설치하고 면적의 34%를 자연 녹지로 보존해 공장과 주거 지역이 완전히 분리된 아늑한 공업단지가 건설되도록 했다.

시화국가산업단지(시흥스마트허브)는 경기도 시흥시 정왕동과 안산시 성곡동에 조성된 산업단지다. 반월국가산업단지의 확장 개념에서 새로운 중소기업 전문 단지로 개발했으며, 중소기업 중심의 부품과 소재 전문 산업단지로 조성되었다. 인접한 반월국가산업단지 및 남동국가산업단지와 더불어 우리나라의 3대 중소기업 산업단지다. 서울에 집적한 산업을 주변 지역으로 이전하고 수도권의 균형 발전을 촉진하는 과정에서 산업단지의 새로운 입지 장소로 시화 지역이 선택되었으며, 이로 인해 수도권의 인구 및 산업의 재배치가 이루어졌다. 서해안에 공업 벨트를 형성하는 계획도 조성 목적에 포함되었다.

2021년 2분기 현재, 한국에는 국가산업단지 47개, 일반산업단지 690개, 도시첨단산업단지 33개, 농공산업단지 476개 등 총 1,246개의 산업단지가 있다. 경기도에는 국가산업단지 5개, 일반산업단지 184개, 도시첨단산업단지 9개, 농공산업단지 1개 등 총 189개가 있다. 경기도는 반월·시화 국가산단을 '거점 산단'으로 화성 발안과 성남의 일반산단, 성남 판교테크노밸리를 '연계 산단·지역'으로 정해 첨단 ICT와 융합한 소재·부품·장비산업의 차세대 전진기지로 만들 계획이다.

2020년 8월 기준으로 경기도의 5개 국가산업단지의 업종별 입주업체 현황은 반월국가산업단지 7,306개, 시화국가산업단지 1만 1,303개, 시흥시 정왕동과 안산시 상록구 성곡동 시화호 북측 간석지에 조성된 시화멀티테크노밸리 1,018개, 파주출판 587개, 파주탄현 40개다. 5개 국가산업단지의 전체 입주업체 2만 254개 중에서 안산과 시흥시 소재 업체가 1만 9,627개로 절대적이다. 그만큼 안산시와 시흥시는 지역경제 활성화의 주요 거점으로 고용, 생산, 수출 등 지역경제에서 상당히 큰 비중을 차지하고 있다.

오늘날 안산시는 전국 최대 외국인 밀집 거주지역으로 2021년 11월 기준 총인구 71만 8,384명 중 13.2%인 9만 4,941명의 외국인 주민이 사는 대한민국 대표 다문화 중심도시다. 시흥시 또한 총인구 55만 4,074명 중 11.7%인 6만 4,570명으로 전국에서 세 번째로 외국인 주민이 많은 도시다. 반월·시화

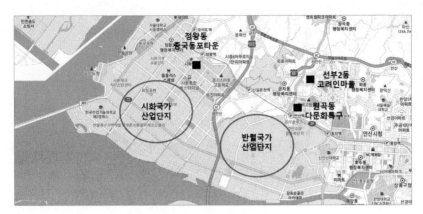

반월·시화 국가산업단지의 외국인 집거지

국가산단이 있는 안산시와 시흥시에 외국인 주민이 많은 것은 반월·시화 산업단지가 외국인 노동력이 필요했기 때문이다.

한편, 1980년대 초에 조성된 반월·시화 공단은 서울에서 이주한 공장들의 70% 이상이 100인 미만의 중소기업으로서 대기업의 하도급을 받는 사양산업형, 공해유발형, 저부가가치의 내수 위주 공장들이었다. 또 동일 업종의 다수 기업이 블록별로 밀집해 있어서 경기 변동에 따른 휴업과 폐업 사태가 잦으며, 그에 따른 고용 불안정 문제 역시 심각했다. 1987년 이후로 노동 집약 부문에서부터 노동자를 구하기 더 어려워지자 1994년부터 산업연수생 제도로 반월·시화 공단에 외국인 노동자가 들어오기 시작했다. 안산시 단원구 원곡동에서 '베트남 고향시당'을 운영하는 이미현(베트남 이류 레 호와이뚜Lê Hoái Thu)이 바로 21세인 1994년 가을 제3차 산업연수생제도로 안산에 온 경우다.

원곡동 다문화특구, 여기는 우리의 고향!

 강희덕 안산시 원곡동 주민자치위원회 위원장은 원곡동에서 태어나 학창 시절을 보냈다. 1993년 결혼 후 안산시 고잔동에서 생활하다가 2008년 다시 원곡동으로 들어와 부동산중개 사업장을 열고 지금까지 원곡동에 살고 있다.

 아래는 『원곡동 사람 이야기』(안산시 외국인주민지원본부, 2019)의 「원곡동의 '꿈, 희망, 성공'」(강희덕 편)에 나오는 원곡동의 변화 모습이다.

> "내가 살던 원곡동은 수인선 협궤열차의 중간기착지로 증기기관차의 물을 보충하던 군자면의 중심지였습니다. (…) 우리 동네는 농업과 어업이 공존하는 지역이었습니다. (…) 안산 신도시계획으로 내가 다니던 초등학교도 우리가 마지막으로 졸업하고 사라졌습니다."

 원곡동은 1970년대 반월공단과 도시계획이 진행되면서 이주민이 모여 살게 된 곳이다. 원곡동 주민들은 공단에서 일하는 노동자로부터 월세를 받

안산시 유튜브 '안산愛산다'에 출연한 강희덕 (2018.12)

아 아이들을 가르쳤다. 강희덕의 부모도 방 한 칸은 살림집, 나머지 방은 세를 주었다. 원곡동은 1986년부터 단층가옥들이 4층 다가구주택(원룸 형태)으로 또다시 재개발되어 1988년 준공되었다. 이로써 공단의 배후지로 공단 노동자, 이주민이 거주하는 지역으로 지금의 원곡동 모습을 갖추게 되었다.

1990년대 초까지만 해도 원곡동은 전국에서 온 내국인 노동자가 주를 이루었다. 강원도 탄광에서 일하다 온 사람들도 있었고, 원곡동 거리에는 돼지갈비집 등 한국식당이 대부분이었다. 노동자들이 즐겨 찾는 다방, 호프집도 많았다. 그러다가 원곡동에 서서히 또 다른 변화의 물결이 일기 시작했다. 강희덕의 이야기다.

> "내가 대학을 다니던 서울올림픽이 열린 1988년 이후부터인 것 같습니다. 원곡동에 중국동포들이 서서히 들어오기 시작했어요. (…) 특히 연변지역에서 고학력의 중국동포들이 들어와 건설현장에서 일했는데 여기서 버는 돈이 중국에서 버는 돈보다 10배, 100배 많다는 이야기도 듣곤 했습니다. 그때부터 중국동포들이 이곳 원곡동에 들어와 거주하면서 건설현장, 식당 종업원으로 일하는 것을 자주 보게 되었던 것 같아요."

1987년 이후 한국에서는 노동집약 부문에서부터 노동자를 구하기 어려워졌다. 또한, 1980년대 후반 노동운동의 발전으로 국내 노동자의 생활여건이 전반적으로 향상되자 저임금노동을 꺼리는 현상이 두드러졌다. 인력난으로 내국인 노동자가 감소하면서 외국인 노동자가 증가하기 시작했다.

1997년 IMF 외환위기 또한 반월공단에 영향을 끼쳐 한국인 노동자가 원곡동을 떠나기 시작했다. 그 대신 1993년 '산업연수제', 2000년 '연수취업제', 2007년 '고용허가제' 등이 차례로 시행되면서 외국인 노동자가 원곡동으로 유입되었다. 원곡동의 상업 대상이 내국인 노동자에서 외국인 노동자로 바뀌기 시작했다.

원곡동이 외국인 밀집지역으로 성장하게 된 것은 「안산시 거주외국인 지원 조례」(2007.4.26), 「안산시 외국인 대상 조례」(2009.1.09) 등 안산시의 외국인 정책이 효과를 보았기 때문이다. 이주노동자라는 새로운 소비계층의 형성은 원곡동 경제에 활력을 불어넣었다. 기존 상점들이 이주노동자의 취향과 수요에 맞는 상점으로 바뀌었고, 임대업이 활기를 띠면서 고시원이나 원룸이 새로 지어지고 기존 건물들도 이와 비슷한 구조로 많이 개축되었다.

외국인 노동자는 초기에는 저렴한 집값과 편리한 교통여건 때문에 원곡동에 정착했지만, 시간이 지나면서 구인과 구직을 알리는 직업소개소 등 다문화 인프라 때문에 원곡동에 모이게 되었다. 다른 지역에 거주하는 외국인 노동자도 주말에는 필요한 물건을 사거나 친구를 만나기 위해 원곡동을 찾게 되었다. "원곡동은 우리한테 고향이에요." 외국인 노동자가 원곡동을 찾는 이유이기도 했다. 원곡동은 이른바 '이주노동자의 수도', '국경 없는 마을', '다문화 1번지'가 되어갔다.

안산시는 2008년 2월 전국 최초로 원곡동에 외국인주민센터를 세웠다. 안산시의 26번째 주민센터로 문을 연 안산시 외국인주민센터는 원곡동을 다문화가 공존하는 삶터로 바꾸는 중추 기관이다. 현재는 안산시 외국인주민지원본부 체제가 되었는데, 안산시 1급 공무원인 본부장 아래 외국인주민정책과(외국인주민정책팀, 외국인주민권익팀, 다문화특구지원팀 3개 팀 14명), 외국인주민지원과(외국인주민복지팀, 지구촌문화팀, 외국인주민교육팀 3개 팀 12명) 총 26명의 공무원이 일하고 있다. 안산시 외국인주민지원본부는 지방자치단체가 직접 운영하는 외국인지원센터로는 전국에서 유일하다.

안산시 외국인주민지원본부는 365일 연중무휴로 창업과 구직, 다문화공동체사업, 생활 관련 상담 및 관련 정보를 제공한다. 또 무료진료센터 외에 밤늦게까지 문을 여는 외환 송금센터도 들어서 있다. 8개 언어로 각종 상담이 가능한 통역지원센터는 낯설고 외로운 타국 생활의 고달픔을 덜어준다.

또한, 각국 이주민의 문화 축제를 지원하고, 다문화 이해교실을 운영해 문화 소통의 기회도 마련해준다. 이와 함께 중국·베트남·필리핀·태국·몽골 등 17개 나라 거주 외국인공동체 대표자 회의를 운영하면서, 안산지역의 민간 외국인지원·보호센터들과 손잡고 다문화·다국적 지역사회의 틀을 다지고 있다. 시화·반월공단을 끼고 있는 원곡동에는 이 밖에도 안산이주민센터를 비롯해 온누리M센터, 안산 외국인 노동자의 집, 중국동포의 집 등 시민·종

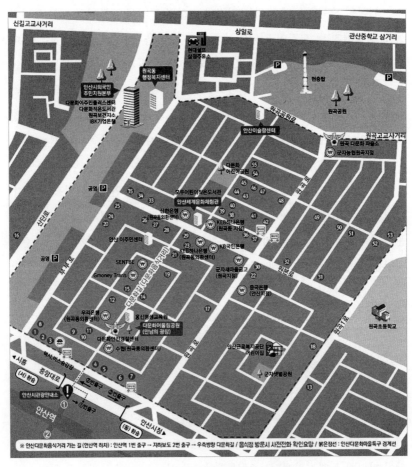

다문화마을특구 지도

교 단체 등에서 운영하는 외국인지원단체가 20여 개에 이른다. 원곡동은 이제 한국의 다문화·국제화 마을의 대표가 되었다.

2009년 5월 지식경제부(당시)는 안산시 단원구 원곡동 795번지 등 913필지를 안산 다문화마을특구(Ansan Multicultural-Village Special Zone)로 지정했다. 국내 최대 외국인 밀집 거주지역을 내·외국인이 더불어 사는 마을로 조성한다는 목적이었다. 2022년 12월 기준 다문화마을특구 인구(1만 9,449명) 중 88%인 1만 7,173명이 외국인이다. 안산시는 '다문화'를 도시브랜드로 만들어 원곡동을 외국인 밀집 지역이라는 장소마케팅과 다문화음식이라는 특화된 마케팅 전략을 통해 지역경제 활성화를 모색해왔다. 「출입국관리법」에 관한 특례로 외국인 조리사 체류자격 발급 절차가 간소화되어 외국인 조리사가 직접 요리한 현지 음식을 맛볼 수 있게 되었다. 2019년 다시 5년간 특구 운영이 연장되었고, 선부동 고려인문화센터와 초지동 글로벌청소년센터도 다문화마을특구에 포함되었다.

다문화마을특구를 방문할 때 꼭 둘러보아야 할 곳이 심훈의 소설 『상록

다문화마을특구를 찾은 '한국에서 아시아를 찾다' 탐방팀
(왼쪽부터 이형복, 김홍록, 문민, 조남철, 윤정숙, 김채화, 곽승지)

수』의 실제 주인공 최용신(소설 속에서는 채영신) 선생 이름에서 나온 안산용신학교(구명 용신평생교육원)다. 배움의 기회를 놓친 청소년을 위한 야학으로 시작해 이제는 국내 이주 외국인의 '코리안드림' 실현을 위한 디딤돌 역할까지 수행하는 곳이다.

원곡동은 100개 이상의 국가 출신이 모인 다문화마을로 다국적 다문화 이주민을 만날 수 있는 생생한 현장이다. 『원곡동 사람 이야기』에는 원곡동 원주민인 강희덕 외에 중국동포 방일춘·조연희와 고려인동포 김넬리, 베트남 사람 이미현의 눈물겨운 이주사와 함께 '성공 스토리'도 만날 수 있다. 그런데 근래 원곡동의 주요 변화 중 하나는 고려인동포가 늘고 있다는 점이다. 선부동 땟골에 집거해 있는 고려인동포들이 방세와 가겟세가 상대적으로 비싼 원곡동으로 나오고 있다.

> "현재 원곡동 부동산을 찾는 사람은 대부분 고려인입니다. 2018년 부터 고려인들이 원곡동에 많이 들어왔다는 것을 몸소 체감하게 됩니다. 중국동포가 과반수를 차지하다가 최근 신규인구는 늘어나지 않고 고려인들의 유입인구가 늘어나고 있습니다."(강희덕)

안산역 맞은편 큰길가 고려인이 운영하는 레표시카 빵집과 내부(2022.9)

2

경기도의
외국인 주민과 인권

오경석

경기도, 전국 최고의 외국인 집주 지역

경기도는 전국 최대의 외국인 거주지역이다. 2022년 현재 경기도의 외국인 주민 규모는 75만여 명으로 경기도 전체 인구의 5.5%에 달하는 수준이다. 도내 31개 시·군·구 가운데 무려 23개 시·군·구가 행정안전부가 지정하는 외국인 집주 지역(외국인 주민이 1만 명 이상 또는 인구의 5% 이상인 지역)에 해당할 정도다. 도내 외국인 인구는 꾸준히 증가하고 있다. 2020년 경기도의 외국인 집주 지역은 17개 시·군·구에 불과했다.

전국 최고의 외국인 집주 지역에 걸맞게 경기도는 외국인 인권 정책 분야에서도 주목할 만한 성과들을 만들어내고 있다. 경기도가 추진하는 외국인 인권 시책의 근거는 2011년 제정·공포된 「경기도 외국인 인권 지원에 관한 조례」다.

조례는 국제 인권 사상에 따르는 '보편적 평등주의'를 외국인 인권의 첫째 원칙으로 천명하고 있다. 보편적 평등주의에 따라 '경기도에 거주하는 모든 외국인'이 '국적과 피부색, 인종과 종교, 언어'와 무관하게 '국민과 동등한'

「경기도 외국인 인권 지원에 관한 조례」의 목적과 이념(대상)

조항	내용
제1조 (목적)	이 조례는 세계인권선언 등에서 명확하게 기록한 인권의 평등사상에 기초하여 가장 보편적 권리인 인권의 가치를 고양하고 경기도에 거주하는 외국인이 차별받지 않고 자유롭고 존엄한 인격체로서 생활을 영위할 수 있도록 하기 위함을 그 목적으로 한다.
제2조 (이념)	① 경기도내 거주하는 모든 외국인은 대한민국 국민과 동등한 인격체로 국적과 피부색, 인종과 종교, 언어가 다르다는 이유로 어느 누구도 차별받지 아니한다.

'자유롭고 존엄한 인격체로서의 생활'을 보장받을 수 있어야 함을 분명히 하고 있다.

경기도의 외국인 인권 옹호

경기도의 외국인 인권 옹호 활동은 인권센터와 공공 부문의 협업으로 이루어진다. 경기도는 조례에 근거해 2012년 전국에서 최초로 '경기도외국인인권지원센터'를 설치해 운영하고 있다. 인권센터는 '인권 실태조사, 권리 구제, 인권 교육, 네트워킹' 등의 인권 옹호 활동을 정기적으로 시행하고 그것을 바탕으로 인권 시책을 제안하게 되어 있다.

경기도의 외국인 인권을 전담하는 조직은 외국인정책과 내의 외국인권익팀이다. 2019년 경기도는 광역지자체 가운데 최초로 외국인정책과를 설치했으며, '외국인권익팀'이라는 전담팀을 조직 운영함으로써 외국인 인권의 위상을 격상시킨 바 있다.

경기도외국인인권지원센터의 중요한 활동 원칙 두 가지는 '보편주의'와 '당사자 참여'다. 이 두 가지 원칙에 따라 '누구나 차별 없이, 차이와 평등을 누릴 수 있는 이주민 인권친화적인 경기도 지역사회를 만들어가는 일'을 최종적인 목표로 다양한 활동을 추진해온 바 있다.

인권센터가 그간 추진해온 외국인 인권 옹호 및 증진의 다섯 가지 주요
활동 영역은 '기본권 옹호 및 증진', '침해 예방 및 권리 구제 인프라 구축', '당
사자 참여와 역량 강화', '인터페이스 활동가 인식 및 역량 강화', '이주인권
거버넌스 및 협력체계 구축'으로 압축될 수 있다.

경기도외국인인권지원센터 활동 영역과 내용

정책 분야	사업명	내용
기본권 옹호 및 증진	경기도 외국인 인권 기본계획 수립	• 광역지자체 유일의 독자적인 외국인 인권 기본계획 수립 • 매 2년 주기로 수립
침해 예방 및 권리 구제 인프라 구축	인권 실태조사 및 모니터링, 상담활동가 네트워크	• 매년 인권 현안에 대한 선제적인 조사와 시책 제언 • 상담 DB 구축
당사자 참여와 역량 강화	다양성 소통조정위원회, 통·번역사 양성, 리더십, 명예대사	• 당사자 참여와 기여, 역량 강화의 기회 확장
인터페이스 활동가 인식및 역량 강화	이주인권 제대로 알기, 종사자 역량 강화, 이주노동자 인권 교육	• 경기평생학습포털(GSEEK) 및 경기도인재개발원 마이크로 러닝 과정 탑재
이주인권 거버넌스 및 협력체계 구축	민관협력정책 네트워크 포럼	• 국내외 망라적인 관련 행위자들이 참여하는 연대와 숙의의 공간 조성

경기도 외국인 인권 기본계획

경기도 외국인 인권 기본계획은 경기도에 체류하는 모든 외국인의 인권
보호와 증진을 위한 정책 청사진으로서 「경기도 외국인 인권 지원에 관한 조

례」에 근거해 2년마다 수립된다.

조례 제2조(이념)의 3항은 외국인 인권 시책의 근거와 내용을 "외국인 관련 모든 시책은 인권이 다르게 적용될 수 없다는 보편적 평등사상을 기조로 하여 수립되어야 한다. 유형의 장벽뿐 아니라 관습, 제도 등 무형의 차별까지 해소하고 폭력으로부터 보호받아야 하며 인간으로서 삶을 영위하는 데 그 중심을 두어야 한다"고 규정하고 있다.

외국인 인권 기본계획은 조례가 명확히 하는 '유무형의 차별 금지'와 모든 외국인의 '존엄과 권리'에서의 '자유와 평등'을 위해 인권 사각지대를 발굴하고 이를 해소하거나 최소화하기 위한 시책 제안들로 구성된다.

인권 기본계획이 수립되는 과정에서 공공 부문 내에서 이주민 인권에 대한 개념화, 문제의식, 감수성 등이 구조화될 기회가 창출된다는 것은 의미 있는 성과라고 할 수 있다. 지역 주도의 외국인 인권 담론으로서의 장점을 충분히 살려 인권 기본계획에는 (국가 정책에는 담기기 어려운) 초국가주의, 지역주의, 문화적 다양성, 통합주의 등의 가치가 좀 더 직접적으로 강조된다.

경기도 외국인 인권 기본계획의 가치들

차수	가치들
2차 외국인 인권 기본계획 (2014-2015)	• 국제 수준에 부응하는 '인권기반적 접근(human rights based approach)'에 근거한 외국인 시책 마련 • 외국인의 기본권 보장을 목표로 하는 경기도의 지역적 특성이 반영된 외국인 시책 종합계획 수립 • 다양한 지역민의 지역사회 공동체 의식과 역량 강화를 통해 다문화 인권 친화적인 경기도 지역사회 형성
3차 외국인 인권 기본계획 (2016-2017)	• 세계인권선언 등 국제 인권 규범을 준거로 하여 외국인의 기본권 보장을 목표로 경기도의 지역적 특성이 반영된 외국인 시책 종합계획 수립 • 다양한 지역민의 지역사회 공동체 의식과 역량 강화를 통해 다문화 인권 친화적인 경기도 지역사회 형성

2024년부터 2025년까지 시행될 7차 경기도 외국인 인권 기본계획의 두 가지 원칙은 "출신 지역, 언어, 민족 등에 무관하게 모든 사람이 소중하게 존중받는 '사람 중심'의 경기도 구현"과 "국제 인권 규범에 준하는 외국인 주민의 기본권 보장을 위한 공공 부문 및 지역사회 인프라 구축과 역량 강화"다.

인권 실태조사와 모니터링, 포럼

인권센터는 정규적인 조사 및 모니터링을 통해 외국인 정책 담론에서 배제되어 있거나 주변화되어 있는 이주민 집단과 인권 영역을 드러내어 공론의 주제로 전환하고 개선 방안을 모색한다. 모니터링의 경우 이주민 당사자들은 조사 대상이 아니라 주체로 직접 참여한다.

조사 결과만이 아니라 조사과정 자체가 이주민 인권 옹호 활동의 일환일 수 있어야 한다는 것이 인권센터 조사와 모니터링의 기본 입장이다. 인권센터 조사의 또 다른 특징은 단순히 자족적이며 개념적인 조사에 그치지 않고, 공청회나 심포지엄의 형태로 조사 결과와 그에 근거한 문제의식을 공론화함으로써 해결책을 찾기 위한 단초를 제공해왔다는 점이다.

인권센터가 최초로 혹은 주도적으로 공론화한 인권 의제들에는 '외국인 근로자 가족(2013)', '이주여성 노동자 성희롱(2015)', '인종차별(2016)', '미등록 이주 아동(2019)', '한부모 가족(2019)', '이주노동자 파견 노동(2020)', '재난 안전(2022)', '디지털 인권(2023)', '직장 내 갑질(2023)' 등이 포함된다.

'외국인 인권'은 주장하기도, 실천하기도 어려운 주제다. 우위를 가리자면 후자가 몇 배는 어려울 것이다.

'외국인 인권'의 본원적인 장애물은 아마도 두 가지로 압축할 수 있을 것이다. 하나는 일찍이 한나 아렌트(Hannah Arentd)가 갈파한 "인권과 주권의 모순

관계"와 관련된다. 다른 하나는 특별하며 이질적인 삶의 방식, 곧 '문화적 권리'와 관련된다.

세계인권선언 제1조가 분명히 하는 바와 같이 "모든 인간은 존엄과 권리에서 자유롭고 평등하다." 외국인도 인간이라는 점에서는 이견이 있을 수 없다. 그러나 현실 세계에서 '모든 인간'은 '모든 국민'으로 등치된다는 한계

경기도외국인인권지원센터 민관협력정책네트워크 포럼 주제들

연도	포럼 주제
2020	• 2020년 4.15 총선 이후 이민정책의 동향과 전망 • 외국인 정책의 동향과 전망 • 코로나19 상황에서 이주민의 주민권에 대한 논의 • 차별과 혐오의 시대, 이주민 인권에 대해 말하다 • 포스트코로나 이후 세계질서와 이주 현황
2021	• 코로나19, 미국과 일본의 이주민 현황과 인권 이슈 • 가족의 관점에서 본 한국의 이민정책 • 코로나19, 유럽과 아시아 사회의 이주민 현황과 인권 이슈 • 이주민에 대한 사회적 인식변화 • 이민정책 관점에서 본 미등록 이주노동자 문제의 현안과 대안 • 꿈의 나이를 키워나가는 이주민의 이야기
2022	• 민선8기 이민정책, 전망과 과제 • 지역 차원의 외국인 노동자 고용 노동 현안: 경기도를 중심으로 • 제4차 외국인 정책 기본계획(2023-2027) 톺아보기: 외국인 정책에서 이민정책으로 • 경기도 통역 인프라 실태와 개선 방안 • 이주노동자의 사회적 배제

2023	• 이주인권 정책 동향과 현안
	• 글로벌시대 문화다양성의 이해와 실천
	• 난민 환대하기: 사회통합을 위한 지역사회의 역할(유엔난민기구 공동주관)
	• 경기도형 이주노동자 권리보장 정책, 어떻게 실현할까? – 건강권과 주거권을
	  중심으로
	• '때론 연대하고 때론 각자도생하는' 한국인 이주노동자: 일본 고토부키쵸 사례를
	  중심으로
	• 2023 이주민 인권 실태와 정책 토론회: 노동권과 디지털 인권을
	  중심으로(국가인권위원회 공동주관)

가 있다.

외국인 가운데 일부는 '국적 취득자', 곧 합법적인 '국민'으로 자신의 위상을 전환할 수 있다. 그러나 이번엔 사회적·문화적 정체성이 또 다른 걸림돌이 된다. 후천적이며 제도적인 '국민의 지위'를 획득했다 하더라도 그들은 여전히 '우리'와 다른(같아져선 안 되는) '타자'들일 뿐이다.

결국, '외국인 인권'을 사유하고 구현방안을 모색한다는 것은 '인간이지만 국민이 아닌' 존재들 그리고 '국민이지만 우리는 아닌' 존재들을 인권의 지평에 포용할 수 있는, 방안을 탐색하는 작업일 뿐이다.

지금까지 알려진 그러한 작업을 수행할 수 있는 최적의 방안은 '포럼'이다. 가능한 한 다양한 행위자들이 모여 그 방안에 대해 끈질기게 논의하고, 숙의하고, 고민하고, 토론하는 것이다. 포럼은 인권 기구와 활동가들에게 필수적인 공간이다.

경기도외국인인권센터는 이러한 문제의식으로 개소 이래 꾸준히 다양한 주제의 포럼을 개최해온 바 있다. 매년 포럼에는 국내외의 다양한 관계자들이 자발적으로 그리고 능동적으로 참여해 열정적으로 의견을 개진한다.

다양성 소통조정위원회

다양성 소통조정위원회는 내·외국인 사이에서 발생하는 사회문화적 갈등을 당사자 참여와 숙의의 방식으로 조정함으로써 지역주민 누구나 차별 없이 문화 다양성을 누리는 생활 세계 및 참여 민주주의의 기반을 조성하는 것을 목표로 하는 경기도외국인인권지원센터의 프로그램이다.

대표적인 거버넌스 기구로서 현재 위원으로는 당사자 두 분을 비롯해 노동, 교육, 출입국, 치안, 보건의료, 법률 그리고 외국인 행정과 이민 전공 학자, 주민 대표, 민간 지원단체 활동가 등 15명이 참여하고 있다.

지난 2년간 다양성 소통조정위원회에 상정된 25개 정도의 안건 가운데 의미 있는 결과를 낸 사례들로는 '외국인 선수 대회 참여 기회 제공', '외국인 청소년 생리용품 및 교통비 지원', '법률구조공단의 임의 조정안 철회 및 보상과 재발 방지안 시행' 등이 있다.

다양성 소통조정위원회의 몇 가지 성과

연도	안건	조정 결과
2022	당사자 동의 없는 임금체불 조정안의 부당함	법률구조공단이 그 부당함을 인정하여 임금체불 전액 보상, 재발방지책 시행
2023	체육대회 참여 자격 국민 제한으로 '발달과 참여권'을 침해당하는 이주배경 아동의 건	대한씨름협회가 청소년부 외국인 선수를 등록(참여)할 수 있도록 조치함
	여성 청소년 생리용품 지원사업 신청대상에서 배제된 외국인 청소년 건	경기도 청소년과와 경기도의회의 협업으로 조례 개정을 통해 생리용품 지원 대상에 외국인 여성 청소년 포함
	청소년 교통비 지원사업에서 외국인 청소년 배제 건	주민등록증명이 어려운 외국인 청소년의 경우 '국내거소신고증'으로 갈음할 수 있도록 경기도 광역교통과에서 조치하여 외국적 청소년도 지원 대상에 포함됨

모든 사람이 사람답게 살아갈 수 있는 경기도

외국인 인권 활동을 하다 보면, '사람이 사람답게 살아가는 일'이 생각보다 매우 어려운 과제라는 점을 깨닫고 확인할 때가 한두 번이 아니다.

군이 조르조 아감벤(Giorgio Agamben)의 이야기가 아니더라도 인간다운 삶을 영위하기 위해 우리 사회는 '예외적인 인간'을 반드시 필요로 해왔는지(그리고 여전히 하고 있는지) 모른다.

그리고 같은 인간이지만 인간 대접을 받을 수 없는(받아서는 안 되는) '예외적인 인간' 후보의 가장 높은 순위에 '외국인'과 '이주민'이 있음은 다 아는 사실과 같다.

담론이 아니라 현실 세계에서의 인권은 사실 매우 소박하고 사소한 것이다. 그저 다른 이들과 다를 바 없이 '평범한 학부모요, 노동자(직장인)요, 서비스소체류자격요, 이웃 주민'으로 살아갈 수 있게 되는 것이다. 다른 이들과 다를 바 없이 '꿈을 꾸고, 좌절하고, 상처받아도 다시 일어나는 삶'을 사는 것이다.

우리 경기도가 그와 같이 여전히 평범하고 소박한 삶의 기회 자체를 허용받지 못하는 수많은 '타자들'에게 인간의 공동체주의와 연대 그리고 인간 공동체 전체를 포괄하는 인도주의가 완전히 종언을 고하지 않았음을 보여주는 그런 지역이 될 수 있기를 기대해본다.

경기도외국인인권지원센터(앞줄 왼쪽 세 번째 오경석 소장)와
경기도외국인복지센터장협의회(앞줄 오른쪽 세 번째 김용국 회장) 상호협력 협약식(2025.3.4)

PART

II

'귀환'
동포와
경기도의
동포
집거지

1

경기도의
중국동포타운

김용필 · 임영상

조선족의 이주와 대한민국 귀환

19세기 후반에는 함경도와 평안도 조선의 농민이, 1910년 전후로는 독립운동가와 농민이, 또 1920~1940년대는 일제강점기 강제이주 정책에 따라 남한 지역의 주민이 만주로 이주했다. 1945년 8.15 광복 후 만주 체류 230만 조선인 중 100만 명이 한반도로 귀환했다. 1949년 중국 정부의 수립과 1952년 연변조선족자치주 성립 이후 조선인은 중국의 55개 소수민족 중의 하나인 '조선족'이 되었다. 1950 · 1960년대 문화혁명과 대기근을 피하려고 일부가 북한으로, 1980년대 개혁개방과 1992년 한중수교 이후 대한민국으로, 1990년대 이후 러시아 · 일본 · 미국 · 유럽 · 호주 등으로, 또 외국을 다녀온 조선족이 중국 연해와 내륙 대도시로 이주했다. 현재 한국에 들어온 80만 명의 조선족은 수도권을 중심으로 중국동포타운을 형성하고 있다.

조선족 이주 경로

수도권 중국동포타운

초창기 중국동포 집거지의 형성

"서울지역에서 전·월세로 사느니 수원·시흥·부천지역에 아파트
나 빌라를 구매해 사는 게 낫다."

일마 전까지 '중국동포의 수도'라고 일컬어진 서울 영등포구 대림동에
서도 심심찮게 들을 수 있는 이야기였다. 경기도 지역으로 이주해간 중국동
포가 많다는 이야기다. 물론 여전히 중국동포는 서울에 많이 살고 있다. '중
국동포의 고향'인 구로구 가리봉동과 '모범적인 중국동포 집거지'라는 평판
을 받는 광진구 자양동 등이다. 이들 지역은 구로공단과 성수공단의 인근 지
역으로 내국인 노동자가 많았던 곳이지만, 1980년대 후반 공단이 지방으로
이전하고 공동화 현상이 일어나면서 낙후되고 슬럼화된 지역이었다.

바로 그 빈 자리에 중국동포들이 유입해 들어오게 되면서 중국동포
집거지를 이루고 중국동포에 의해 상권이 활성화된 지역으로 변모했다.
2010년 이후부터는 중국동포 유입인구가 많이 늘어나 포화상태가 되고 상권

초기 중국동포의 애환이 서린 가리봉동

이 활성화되면서 부동산 임대료가 급상승하는 현상도 뚜렷하게 나타났다.

경기도의 경우 안산 원곡동, 시흥 정왕동, 수원 고등동과 지동, 성남 수진동 지역 정도가 익히 알려진 곳이었다. 그러다가 최근 경기도 내 외국인 집거지를 찾아 탐방하면서 알려지지 않은 곳에 중국동포 집거지가 훨씬 더 많이 형성되어 있다는 사실을 알게 되었다. 또, 현재는 고려인과 외국인 집거지로 알려진 곳을 가보게 되면, 과거 중국동포가 많이 살던 지역이었음을 알 수 있다. 여전히 중국식당과 중국식품 등 중국동포의 삶과 밀접한 상업시설들이 지역의 중심부를 차지하고 있다. 한국어 소통에 어려움이 없는 중국동포는 체류 환경과 경제 형편 등이 좋아지면서 더 나은 환경을 찾아 이주하고 그 빈 곳에 후발로 들어온 고려인과 다른 외국인 노동자가 들어와 사는 것이다.

시기적으로 2002년 이전 시기인 중국동포의 한국 이주 초창기 때는 경기도 지역 내 중국동포 집거지 형성에서 몇 가지 특징을 찾아볼 수 있었다. 첫째, 신도시 건설 지역이다. 경기도 지역에서 중국동포 집거지가 제일 먼저 형성된 곳으로 고양시 일산동(일산역 부근), 성남시 수진동(태평역 부근), 군포시 산본동(금정역 부근), 부천시 심곡본동(부천역 부근) 지역을 꼽을 수 있다. 1990년대 초 시작된 수도권 제1기 신도시(일산, 분당, 평촌, 중동) 건설이 이루어진 지역과 인접한 곳으로 1992년 한국에 친척초청으로 입국한 중국동포들이 건설노동자로 일하면서 자연스럽게 집거지를 이루었다고 볼 수 있다.

둘째, 지하철역 주변 지역이다. 대중교통으로 지하철을 많이 이용한 중국동포들은 지하철 노선을 따라 역 주변에 집거지를 이루었다. 서울-인천 경인선을 따라 소사역, 부천역, 중동역, 송내역, 부평역, 백운역, 동암역, 주안역, 동인천역 주변으로 소규모 집거지를 이루었고, 서울-수원-천안 노선으로도 안양역, 명학역, 금정역, 화서역, 수원역, 세류역, 병점역, 오산역과 근래에는 평택역까지, 그리고 서울 사당-안산역으로 이어지는 안산역과 정왕역 등 지하철 4호선 노선 역 주변 등으로 중국동포 집거지가 형성되었다. 그 규모는 지역마다 차이가 있지만, 중국식품점, 양꼬치점 등 중국식당 수로 어림짐작

할 수 있었는데 2000년 초만 해도 중국식품점, 중국식당 등 중국동포들이 자주 찾는 점포가 역 주변으로 적게는 2~3개, 많게는 5~6개 정도씩 있었다.

셋째, 산업단지나 중소제조업체가 가까운 지역이다. 수도권을 비롯하여 전국의 산업단지 주변마다 크고 작은 규모의 중국동포 상업거리가 형성되었다.

처음 모습을 드러낸 중국동포 집거지와 침체기

중국동포 집거지가 처음으로 외부에 노출된 시기는 2002년이다. 2002년 한일월드컵 개최를 앞두고 3월부터 5월 사이에 '불법체류 종합대책' 방안으로 자진신고 외국인에게 1년간 출국 유예를 부여해주고 자유롭게 취업 활동을 할 수 있게 해준 시기다. 27만 명이 넘는 불법체류 외국인이 자진신고 명단에 올랐다.

불법체류의 멍에가 벗겨지자 중국동포 집거지도 외부에 모습을 드러내기 시작했다. 붉은 글씨로 쓴 양꼬치점(串店), 구육관(狗肉館), 냉면집에 중국 연변, 동북 3성 지명을 딴 중국동포 식당 간판과 호프집, 노래방이 눈에 띄기 시작했다. 평일에는 한산하다가 주말이면 중국동포들로 붐벼 밤새 시끌벅적한 곳이 되었다. 전국 각지에 흩어져 일하다가 고향 친구, 친지들 모임이 중국동포 집거지에서 많아진 것이다.

당시 서울지역에서는 구로구 가리봉동과 영등포구 대림동이 대표적인 중국동포 상권을 이루었다면, 경기도 지역에서는 안산 원곡동(안산역 부근), 수원 고등동(수원역 부근)이 대표적인 중국동포 상권을 이루었다. 당시 중국동포 집거지에는 중국식당, 노래방 등이 우후죽순 생기면서 그동안 한국 사회에서 볼 수 없었던 중국동포가 만들어낸 특유의 차이나타운이 모습을 드러내고 대성황을 이룬 시기였다.

그러나 1년 후, 자진 신고한 외국인의 출국 유예 기간이 만료되는 시점인 2003년 5월부터 방문취업제가 본격적으로 시행된 2007년 3월 전까지는 중국동포 집거지에 침체기가 찾아왔다. 외국인고용허가제의 성공적인 정착을 위해 법무부 출입국이 불법체류, 불법취업에 대한 단속을 강화했고 '단속 바람'은 중국동포 집거지에 직접적인 타격을 주었다. 상당수의 중국동포들은 단속을 피해 지방으로, 또는 눈에 잘 띄지 않는 곳으로 이주해 생활하게 되었는데, 후에 새로운 중국동포 집거지가 형성되는 계기가 되었다고 할 수 있다. 또한, 2005년, 2006년에는 동포 귀국지원 프로그램(자진 출국할 경우 1년 후 재입국 보장)으로 10만 명에 이르는 중국동포들이 출국했던 것도 중국동포 집거지의 침체기를 부추겼다.

게다가 단속 바람에 일을 못 하던 중국동포들이 경마, 카지노 등에서 시간을 보내다가 빠져드는 상황도 적지 않았고, 2004~2005년경에는 '스크린 경마장', '바다이야기'(일종의 슬롯머신 게임)라는 사행성 게임장이 전국적으로 유행했는데, 중국동포 집거지도 예외는 아니었다. 중국동포의 초기 집거지 중의 하나인 안산 원곡동에서도 식당이 문을 닫고 오락게임장이 생기는 현상이 생겼다. 이런 사행성 게임장은 법무부 단속에 안전한 중국동포들의 은신처 같은 곳이었다. 그러나 결국 경제적인 파탄에 이르게 된 사람들이 많아져 식당, 노래방 등도 중국동포의 발길이 끊겨 경제적 타격을 받았다. 그래서 사행성 게임장을 두고 중국동포 상권을 망가뜨리는 '황소개구리'라는 말까지 나돌았다.

다시 활기를 찾은 중국동포 집거지와 새로운 변화

　2007년 3월 방문취업제의 본격적인 시행과 2010년 후 재외동포 체류자격 부여 등 체류 환경의 변화는 침체기에 놓여 있던 중국동포 집거지에 다시 활기를 불어넣기 시작했다. 2007년도에는 자진 출국했던 중국동포들이 다시 들어오기 시작했고 2008년부터는 무연고 중국동포들도 많이 들어와 출입국업무를 대행해주는 여행사(행정사), 직업소개소, 핸드폰가게 등이 눈에 띄게 많아졌다. 중국동포 식당, 중국식품점도 훨씬 더 많아졌고 규모도 커지기 시작했다.

　2002년 초창기 중국동포 집거지와 다시 활기를 찾은 2010년대를 비교해본다면, 2002년경에는 국제결혼으로 한국에 와서 귀화한 중국동포 여성들이 고향사람들을 주 대상으로 한 소규모 식당이 주를 이루었고, 자본이 필요한 중국식품점, 노래방 등은 한국인이 운영하는 경우가 많았다. 그러다가 2010년대 들어와서는 중국동포들이 투자해 규모 있게 식당을 운영하고 호프집, 중국식품점, 노래방 등도 중국동포들이 투자해 운영하는 경우가 더 많아졌다. 2012년경에는 노래방보다 PC방(网吧)이 생겨 성업을 이루었는데, 이는 중도입국 청소년들이 늘어나면서 생긴 현상이었다. 마작방(麻將室), 동포휴게실 등도 생겨났으며 동포노인들의 모임 장소인 경로당도 집거지를 중심으로 생겨나기 시작했다.

　중국동포 경로당은 한국 국적을 회복한 중국동포 노인들의 모임 장소지만, 자생적으로 생긴 중국동포 단체 활동의 중심 역할을 했다. 동포 경로당이 서울지역은 영등포구 대림동, 구로구 구로동, 금천구 독산동, 경기지역은 안산시 원곡동, 수원시 지동, 고양시 일산동, 성남시 수진동 등에 생겨나면서 상호 연결망을 갖게 되었다. 동포 경로당은 귀한동포연합회의 발전과 그 맥을 같이하고 있다. 또한, 중국동포가 주축이 되어 다문화자율방범대도 결성되어 일주일에 한 차례 중국동포 집거지의 범죄 예방을 위해 순찰 활동 등을 펼치기 시작했다.

2010년대부터 중국동포가 운영하는 사업장이 많이 생겼다는 점도 변화의 주요 특성이라 할 수 있다. 법무부가 중국동포에게 재외동포 체류자격을 부여해주고 영주자격 체류자도 늘어나기 시작하자, 이런 체류 환경의 변화로 특히 젊은 층에서 앞서 한국에 나와 일해서 자본을 축적한 부모의 뒷받침으로 식당 등 '창업 붐'이 일어난 것이다. 창업 분야는 양꼬치, 훠궈 등 중국식당, 여행사, 휴대폰 매장, 미용실, 호프집, 커피숍, 그리고 화장품 등 국제물류사업 등이다. 안산시 원곡동에 이어 수원시 고등동, 시흥시 정왕동, 부천시심곡본동 등이 대표적인 지역이다. 최근 화성시의 경우, 농촌 지역인 우정읍조암리에도 중국동포가 운영하는 여행사(행정사)가 성업 중이다. 또한, 평택시의 경우, 평택역 인근 평택로88번길 평택의 구도심 지역에 아시아거리가 형성되고 있는데, 역시 이곳에서도 중국동포 상점들이 중심이다.

중국동포의 국내 정착 현상은 2010년대 이후부터 더욱 뚜렷해졌다. 이런 현상은 국내 체류 중국동포 인구가 많아지고 중국에 가지 않고도 체류 연장이 가능한 재외동포, 영주자격 부여 등 체류 환경이 좋아졌다는 점, 한국에 장기체류하면서 중국보다는 한국 생활에 대한 만족도가 높아졌다는 점 등이

평택로88번길 중국동포 상점들

중국동포의 수도로 부상한 대림동 중앙시장 한우리문화센터를 방문한 학생들(좌)과
제3회 대림문화축제 포스터(우)

주요 원인이 되었을 것이다.

또한, 2000년대 이후 중국도 경제성장이 빨라지면서 중국의 사회적 환경이 많이 바뀌었던 것도 무시할 수 없는 요인이다. 한국에 장기체류한 중국동포들은 중국으로 돌아가더라도 적응해 살아가기 어렵다고 말하고, 이미 중국에서 자리 잡은 사람들 틈에 들어가 새로 시작한다는 것도 쉽지 않다고 말한다. 이런 심리적 부담이 한국에서 몇 년간 일하고 돈을 벌면 중국에 가서 살겠다는 생각을 바꾸게 한 것이다. 중국동포들의 이런 심리적 변화는 국내에 부동산 구매 현상의 증가로 나타났다.

중국동포들은 한국에 와서 돈을 벌면, 자녀교육비를 대고 그다음이 중국에 아파트를 구매하는 것이었다. 2010년대 중반까지만 해도 중국 부동산에 관한 대심이 높았다. 그런 분위기는 중국 부동산중개업체들이 국내 체류 중국동포 대상으로 중국동포 집거지에 홍보관을 설립하고 부동산광고를 냈던 것으로 쉽게 파악해볼 수 있다. 그러다가 2015년경부터는 오히려 중국에 있는 아파트를 팔고 국내에 아파트나 빌라 등 거주지를 마련하는 중국동포들이 늘어났다.

중국동포들의 국내 정착 의지와 변화는 곧 경기도 거주 중국동포가 늘어나고 새로운 중국동포 집거지가 형성되는 배경이 되고 있다는 점에서 주목해야 할 것으로 보인다.

중국동포들이 서울 지역에서 경기도 지역으로 이주하는 이유 중 하나는 자가용 소지자가 증가했다는 점도 주요 원인으로 보인다. 편리한 주차환경을 찾아 거주지를 옮기게 되었다는 중국동포들의 이야기를 들을 수 있었다. 그러나 현재 경기도 내의 중국동포 집거지는 구도심 지역이어서 자가용 포화 상태로 주차난이 심각해지고 있다.

사람과 물자의 이동이 크게 제약된 코로나19 시대에 중국동포사회도 변하지 않을 수 없었다. 여행업 분야에서 일하는 약 10만 명의 중국동포와 중국인(한족)이 중국으로 돌아갔다. 그래도 중국동포는 영주자격자 10만 명, 국적 취득자 10만 명을 포함해서 80만 명선을 유지하고 있는 것으로 보고 있다. 특히, 중국동포협회 활동이 활발한 중국동포 집거지는 이미 중국동포 사회의 플랫폼 역할을 담당하고 있다.

우리는 흔히 중국동포를 한중교류의 가교이자 남북통일의 역할자로서 소중한 자원이라고 말한다. 중국동포의 한국 이주 역사는 30년이 넘었다. 그만큼 중국동포는 한국에 이주해온 고려인동포를 포함해서 다른 외국인 노동자보다 더 많은 한국 생활을 경험하고 선도적 역할을 하면서 집거지를 이루고 있다. 경기도를 비롯한 중국동포 집거지는 다문화 한국 사회의 '맏형' 같은 존재를 넘어 한국 사회가 지향해야 할 '상호문화' 사회구현의 시금석이 될 것이다.

2020년 2월 경기 안산시는 유럽 국제기구인 유럽평의회(The Council of Europe)가 주관하는 '상호문화도시(Intercultural city·ICC)'로 지정이 확정되었다고 밝혔다. 상호문화도시는 다양한 문화와 국적을 가진 이주민과 선주민이 문화적 차이를 인정하고 존중하며 상호교류하는 도시로, 2008년부터 유럽평의회와 유럽연합(EU)이 문화다양성 증진을 위해 확산시키고 있는 프로그램이다.

국내에서 첫 번째, 아시아에서 두 번째다. 이로써 한국의 대표 다문화도시 안산시는 다문화에 대한 부정적 이미지 개선과 함께 글로벌 도시 안산으로 도약할 수 있게 되었다.

단체활동이 활발한 안산, 수원, 시흥 중국동포타운

인구 1,400만 시대를 맞은 경기도는 그만큼 외국인 주민 수도 많으며, 귀환 중국동포가 늘어나면서 중국동포 집거지도 늘어났다. 이 중 단체활동이 두드러진 안산, 수원, 시흥 중국동포타운을 소개한다.

┃ 안산시

1990년대 초반부터 안산에 들어온 중국동포는 원곡동 다문화마을특구 안의 원곡동시장 다문화음식문화거리 너머에 중국동포타운을 형성하고 있다. 외국인주민협의회, 다문화자율방범대, 다문화치안봉사단 등 외국인 주민으로 구성된 단체가 원곡동을 배경으로 활동하고 있는데, 당연히 중국동포가 리더 격으로 참여하고 있다. 우선 수가 많을 뿐만 아니라 한국어 소통이 가능하기 때문이다.

다문화마을특구 원곡동에는 어울림다문화광장이 있다. 서남아시아의 역사적인 인물도 벽화로 장식했지만, 광장을 이용하는 사람의 절대다수가 중국동포다. 이미 많은 중국동포가 재외동포(F4) 체류자격를 받고 한국 국적을 회복 혹은 취득해 원곡동 사람이 되었다. 전국귀한동포 연합모임도 2006년 서울과 안산조선족교회에서 처음으로 발족되었다.

안산에는 단원구 원곡동 외에 1930년대 저명한 농촌계몽운동가 최용

중국동포 주축으로 시작된 토요 무료급식 개소식에 참석한 봉사자들(왼쪽부터 유명양, 박주현, 유효민, 백영, 김채화, 송명연, 이금화, 나송원, 김채월, 강매, 치보곤, 이가치)

신의 기념관이 있는 상록구 본오동에도 중국동포들이 집거해 있어 중국동포 고령자를 위한 경로당도 3개(한아름경로당, 귀향민경로당, 온누리경로당)는 원곡동에 1개(만남경로당)는 본오동에 있다. 또한, 원곡동에서는 안산제기차기협회, 축구단, 배구단, 예술단 등 중국동포 동호회 활동도 활발히 펼쳐지고 있다.

대표적인 중국동포단체는 2017년 12월 발족한 안산귀환동포연합회다. 원로 동포 1세대가 제대로 일할 수 있는 50대의 동포 3세 여성사업가 방일춘을 회장으로 추대하면서 귀환동포연합회 안산지회 이름 대신에 안산귀환동포연합회로 재출발했다. 2019년 8월부터는 다섬화인연합회 김채화 회장이 제2대 귀환농포연합회 회장으로 안산 동포사회를 위해 일하고 있다. (안산귀환동포연합회는 2024년 9월 안산동포센터로 개명했다.) 동포사회뿐만 아니라 원곡동의 중국동포는 이미 한국인 선주민과 함께 어울려 원곡동의 주체다. 주민자치위원회 33명 중 15명이 중국동포로 2023년 4월 원곡동의 불우이웃을 위해 무료급식소를 개소하기도 했다.

▍수원시

경기도청 소재지인 수원은 인구 120만 명에 이르는 경기도 남부권의 핵심 도시다. 그런 만큼 이곳에는 많은 조선족 동포들이 모여 살아가고 있다. 행정구역 단위로는 전국에서 네 번째로 많은 조선족 동포들이 살고 있다고 한다. 수원지역에 거주하는 조선족 수는 3만 4천여 명에 이른다.

그런데 수원지역에 중국동포사회가 발족한 것은 2016년이다. 하얼빈 출신으로 수원시외국인복지센터에서 일하던 노순자 씨가 이종순 센터장의 지원을 받아 10월에 '수원시조선족동포협회' 결성을 주도했고, 지금까지 회장직을 맡아 협회를 이끌고 있다. 수원지역의 유일한 조선족동포 단체인 협회는 회원 100여 명 중 40여 명이 적극적으로 참여해 다양한 활동을 하고 있다. 한국 사람으로 한국의 역사문화를 알아야 한다는 생각에서 역사문화강좌도 정기적으로 실시하고 있다.

이들은 수원역 주변 지역의 치안을 위해 야간 방범 순찰(주 2회)을 하고, 수원역 앞 로데오거리의 환경미화를 위해 거리 정화사업을 시행(월 1회)하는

한족 배우자 가족을 위해 통역으로 진행 중인 중국동포 역사교육

등 지역사회를 위해 봉사해왔다. 또 노숙자 쉼터나 고아원에 중국음식을 만들어 지원하기도 하고, 김장철에는 불우이웃을 돕기 위해 김치 담그기 봉사를 하기도 했다. 코로나19가 확산함에 따라 모든 것이 비정상적인 상황에서도 수원역 주변의 야간 방범 순찰은 계속했다.

노순자 회장은 수원시에서 관리하는 수원시중국교민회의 회장직도 맡고 있다. 노순자 회장은 점점 늘어나고 있는 중국인(한족)들을 포함하고 있는 이 단체를 이끌며 수원지역 조선족사회가 갖는 특성에 대해 다시 주목하게 되었다. 수원지역 조선족 동포 중에는 방문취업(H-2) 체류자격으로 입국해 일하는 사람들이 많은데, 이 가운데는 한족 부인과 2~3명의 다자녀를 둔 사람들이 큰 비중을 차지하고 있다. 한족 부인은 방문동거(F-1) 체류자격으로 일을 할 수 없다. 조선족 남편이 혼자 벌어 부인과 아이들을 부양해야 해서 경제적으로 많은 어려움을 겪고 있다.

노순자 회장은 지방의 인구감소지역으로 이주하면 한국 정착이 가능한 재외동포(F-4) 체류자격를 받고, 방문동거(F-1) 체류자격인 배우자도 일할 수 있는 체류자격 특례가 주어지는 법무부의 지역특화형 체류자격 사업에 주목하기도 했다. 그런데 근래 중국동포의 영주권 F-5 체류자격 취득이 용이해져 이 경우에 동반가족 F-1 체류자격이 일할 수 있는 체류 F-2 체류자격으로 바뀌어 지방도시 이주·정착에 대한 관심이 줄어들었다.

| 시흥시

지하철 4호선 신길온천역과 정왕역이 이어지는 구간, 서해와 면해 있는 정왕동은 초기에는 공장노동자를 대상으로 한 술집과 오락시설이 많았던 곳이다. 이런 곳에 양꼬치, 샤브샤브 등 중국식당이 들어서 중국동포 상권으로 새로운 활력을 찾기 시작한 것은 2010년 이후부터다. 방문취업(H-2) 동포가 많이 들어오고, 또한 공장노동자로 2년간 성실 근무하면 재외동포(F-4) 체류자격을 부여해주는 정책을 펼 때와 거의 맞물린다.

시흥 정왕동은 서울 대림동, 안산 원곡동에 이어 중국동포에게 소위 '뜨는 지역'이 되었다. 편리한 교통여건, 교육환경과 생활편의시설 및 중국동포의 경제적 사정에 맞는 저렴한 다가구·다세대 연립주택이 다수 밀집해 있다. 이곳은 시화공단 근로자의 기숙사 용도로 개발된 공단 배후지여서 원룸 위주의 주택이라 보증금 없이 월 30만 원 정도의 임대가 많아 젊은 층 외국인 근로자가 거처를 마련하기 쉽다. 또한, 시흥시의 다문화친화적인 교육여건과 주변에 전통재래시장도 있어 가족 단위로 많이 이주하는 중국동포의 생활방식에 맞는 여건이 조성되어 있다.

2021년 11월 기준, 시흥시의 외국인 주민 인구가 6만 4,570명으로 화성시보다 많아져 안산시, 수원시에 이어 3위가 되었다. 그중 정왕본동에만 2만 1,127명인데, 압도적으로 중국동포가 많다. 정왕본동은 중국어로 된 중국식당, 노래방, 주점, 양꼬치집 간판이 즐비해 신차이나타운 거리를 연상케 한다. 낮에는 다소 조용하고 한산한 분위기이지만, 저녁 시간이 되면 퇴근한 중국동포들로 인산인해를 이룬다.

안산시 원곡동에서 중식당을 하다가 2006년부터 시흥 정왕동에 정착한 '귀환' 동포 오성호 씨는 2010년부터 시흥시 정왕본동 주민자치위원이 되

동포 어르신 쉼터와 쉼터에서 열린 연변 노인절 잔치

었다. '정왕본동 살기 좋은 동네 만들기' 소임을 맡던 그가 본격적으로 중국동포사회 봉사활동을 시작한 것은 2012년 4월 26일 귀환동포 7인과 중국인 14인으로 구성된 외국인자율방범대를 시작하면서부터였다. 시흥시 외국인자율방범대 오성호 대장은 한국 사회와 중국동포를 잇는 공식 단체의 필요성을 느꼈다. 더욱 체계적인 조직을 만들어야 한국 사회에 정착하거나 경제활동을 하는 중국동포에게 도움을 줄 수 있을 것으로 생각한 것이다. 2015년 5월 1일 '한중동포연합회'가 공식 창립되었으며, '동포 어르신 쉼터'를 마련하는 등 동포사회를 위한 봉사에 앞장서고 있다.

중국동포사회가 직면한 자녀교육

1992년 한중수교를 전후로 코리안드림을 이루려 한국에 들어온 중국동포사회에서 지하철 7호선 남구로역이 가까운 서울시 구로구 가리봉동은 '중국동포의 고향'과도 같은 곳이다. 아직도 주말이면 중국동포들이 찾아와 고향 사람이 운영하는 식당에서 식사하면서 만난다. 그러나 이미 중국동포사회의 중심은 다수의 동포 언론사뿐만 아니라 다양한 분야의 단체 모임이 이루어지는 영등포구 대림동이다. 대림동은 '중국동포의 수도'가 되었다.

2014년 4월 법무부는 재외동포(F-4), 또 2015년 4월에는 방문취업(H-2) 동포에게 가족동반을 허용했다. 고려인동포도 마찬가지였지만, 중국동포사회에 중요한 변화가 일어났다. 중도입국 동포 자녀가 들어오면서 자녀교육 문제가 생겼다. 길림성 연변조선족자치주 외에 동북3성 대도시의 조선족 집거지와 농촌의 조선족 마을마다 우리말로 수업하는 민족학교가 있었으나 많은 학교가 문을 닫아 조선족 학생들은 한족 학교에 다닌 것이다. 당연히 한국 학교 수업을 따라가기가 어려웠다.

2014년 9월 대림동에서 서울국제학원이 문을 열었다. 중도입국 동포 자녀 학생들의 한국 생활 적응을 돕는 방과후 보습(補習)학원이지만, 학생들의 이해를 돕기 위해 한어(漢語)와 한국어 이중언어로 수업한다. 또 주말에는 한국 역사문화탐방 등 다양한 활동을 통해 학생들이 글로벌 리더로 자랄 수 있도록 지도하고 있다. 고등학교 과정을 마친 학생 중에는 한국 대학뿐만 아니라 중국 대학에 진학하기도 한다. 중국에서 학교에 다니다가 들어온 동포 자녀들이 중국어와 문화도 잊지 않게 하면서 한국 생활을 하게 한다는 점에서 좋은 성과를 올리고 있다.

이런 점에서 2021년 3월 학생 수가 줄어든 시흥 정왕동 군서중학교를 폐교하고 '초·중·고 통합형 다문화'(외국어특화) 학교인 군서미래국제학교가 개교한 것이 주목된다. 한국어·영어·중국어·러시아어 등 외국어 수업이 이루어지는데, 안산과 시흥의 외국인 집거지의 중도입국 동포 자녀와 외국인 자녀를 고려한 것이다.

군서미래국제학교는 초·중·고 통합학교 형태의 공립형 대안학교다. 2021년 3월 중학교 과정을 시작으로 2022년에는 초등학교 과정이 개설됐다.

시흥 군서미래국제학교

뒤이어 2023년에는 고등학교 과정이 차례로 열리는 3개년의 통합학교 완성 계획을 실행하는 중이다. 공립형 대안학교이다 보니, 학력 인정을 받기 위해 국어와 사회를 기준시수의 50% 이상 편성하기만 하면, 다른 과목들은 자유롭게 개발·운영이 가능한 자율성이 있다. 또한, 1년을 4개의 배움 사이클로 나누는 쿼터제로 학사를 운영하고 있다.

참고

서울 대림동 서울국제학원

서울국제학원을 설립한 문민 원장은 중국 흑룡강성 출신이다. 사범학교를 졸업한 후 한국에 오기 직전까지 교직에 있었다. 한국에 귀화한 후 교사가 되기 위해 다시 대학 공부를 하여 중등교사 자격증을 취득했다. 중국동포들이 한국으로 오고 있을 때 문민 원장은 노사발전재단(구 국제노동협력원)에서 방문취업 체류자격으로 입국하는 동포들의 취업교육을 담당했다. 취업교육을 하면서 다양한 애로사항을 듣게 되었다. 특히 중국에 두고 온 자녀의 교육 문제였다. 문민 원장은 평일에는 방문취업 동포들에게 취업교육을 하고 주말에는 귀화교육 봉사를 다녔다.

한국에 온 중국동포 청소년들은 가족 상봉의 기쁨도 잠깐, 학교생활 적응에 어려움이 많았다. 중국에서 조선족 학교에 다닌 학생들은 그나마 언어적인 어려움이 덜했다. 그러나 중국에서 한족(漢族) 학교를 다닌 동포 자녀들은 중국인과 다름없었다. 자신의 이름을 한국어로 쓸 줄 모르는 아이가 태반이었고 생활습관이나 음식습관도 전혀 달랐다. "안녕하세요"라는 인사도 할 줄 몰랐다. 자녀를 데리고 온 학부모들은 걱정이 태산이었다. 한국 학교에 보내야 할 텐데 입학할 준비가 전혀 되지 않았다. 취업교육을 하면서 만났던 학부모들은 다시 자녀교육을 위해 문 원장을 찾았다. 2014년 설립한 서울국제학원의 문민 원장은 학원 설립 당시 상황을 이렇게 설명했다.

지하철 2·7호선 대림역 근처에 있는 서울국제학원

"학원이 꼭 마치 '한국어 응급실' 같았어요. 당장 내일 학교에 가야 하
는데, 자기 이름을 쓸 줄도 모르고 인사할 줄 모르는 학생들이 있었어요.
그래도 다행인 것은 동포 자녀늘의 학구열이 대단했어요. 습득이 빨랐고
한국 학교생활에 대한 만족도가 높았어요."

1년 정도 극복기를 마치면 학생들은 학교 성적을 챙기기 시작한다. 일
부 학교에서는 역사·사회 시간에 한국어 수업을 대체하고 있다. 이런 학
교에서 공부한 학생들은 중학교에서 또래들이 배우는 역사나 사회에 대해
전혀 모르고 있다. 서울국제학원에서는 이런 학생들의 어려움을 해결하기
위해 이중언어로 교육하고 있다. 한국어를 모르면 한국의 역사, 사회를 배
울 수 없는 한계를 이중언어 교육으로 극복할 수 있었다. 문민 원장은 서울
국제학원 선생님의 첫 번째 기준을 이중언어 능력으로 꼽았다. 국어 선생
님이라면 어려운 한국 문학을 중국어로 설명할 수 있고 미적분 수학을 중
국어로 가르칠 수 있는 선생님을 모셨다. 그러나 학생들이 한국 오기 전에
익혀온 중국어를 한국에 온 후 하나둘씩 잊어버리는 것이 못내 안타까웠
다. 한국어도 잘하고 중국어도 잘할 수는 없을까? 서울국제학원에서는 동
포사회의 도움으로 2019년부터 매년 10월 전국의 초·중·고 재학생들을
대상으로 한·중 이중언어 말하기대회를 주최하고 있다.

서울국제학원 한·중 이중언어 말하기대회

코로나19 전에는 학생들을 데리고 중국에 탐방을 가기도 했다. 중국에서 왔다고 해서 중국을 다 아는 것도 아니다. 상하이에서 온 백현 학생(중2때 한국에 전학 옴)은 대한민국임시정부에 대해 전혀 몰랐다. 이에 서울국제학원에서는 학생들을 직접 데리고 안중근기념관, 윤동주문학관 등을 탐방하기도 하고 학부모들에게 유익한 교육 정보들을 주어 자녀들을 데리고 한국의 이곳저곳을 많이 탐방하도록 격려하고 있다.

서울국제학원에서는 해마다 교육 일기를 모아 『서울국제학원 이야기』 소책자를 발간하고 있다. 개원 10주년을 맞아 『서울국제학원 열 번째 이야기』 소책자를 준비 중이다. 매번 100권을 인쇄하여 주로 학부모님께 드린다고 한다. '한국어 응급실'로 시작한 서울국제학원은 10년을 맞아 600여 명의 학생이 거쳐갔고, 현재 60여 명이 재학 중이다. 중학교 시절 한국에 와서 대학에 입학한 학생들도 계속 늘고 있다.

서울국제학원 고등부 학생들은 98%가 서울의 대학에 진학한다. 아주 극소

서울국제학원 아홉 번째 이야기책

수의 학생들이 제3국 대학을 지망하기도 한다. 5년 전까지만 해도 고등학교 3학년에 가서야 부랴부랴 전공을 찍는 학생들이 많았고 선배나 친구들이 주로 선택한 경영학과에 편중되는 경향이 있었는데 최근에는 의학, 공학, 법학 등 다양한 전공을 희망하고 있다. 이는 일찍부터 한국 학교로 전학 온 학생들이 학교의 진로·진학지도에 적극적으로 참여하고 있다는 방증이기도 하다. 현재 중학교 3학년에 재학 중인 지은 학생은 희망하는 고등학교는 물론 대학 전공까지 정해놓은 상태다. 지은 학생은 대학 졸업 후 중국에 가서 한국어 교사가 되는 것이 꿈이라고 한다.

앞으로 한국으로 조기유학을 오는 중국동포 자녀들이 늘 것으로 예상한다. 한국에서 재학 중인 학생들의 입소문을 통해 한국 교육에 대한 긍정적인 평가가 중국에 알려졌을 것이다. 한편, 중국동포 자녀들이 하나둘씩 한국으로 전학 오면서 중국의 조선족 학교에 큰 영향을 미치고 있다. 조만간 한국에서 재학 중인 동포 자녀 수가 중국에서 공부하고 있는 동포 자녀 수를 초월하는 것도 시간문제다. 게다가 최근 들어 중국 정부에서 소수민족교육에 대한 정책을 개혁하면서 조선족 학교에서 조선어 교육이 유명무실해졌다. 더는 조선족 학교를 다닐 명분이 없어졌고, 조선족 학교를 다닌다고 해서 특별한 것도 없어졌다.

100여 년 전 이상설 선생이 독립운동을 위해 간도에 첫 번째 우리 민족학교를 세웠다. 뒤를 이어 민족학교가 우후죽순으로 세워졌고, 광복 후에도 중국에 남아 있던 동포들이 마을마다 학교를 세워 1980년대 이르러 1천여 개가 설립되었다. 그러던 학교가 현재 100여 개만 남았고, 이마저 계속 폐교되고 있는 현실이다.

서울국제학원 문민 원장은 아직 한국 역사를 잘 모르는 학생들에게 이상설 선생님의 이야기를 해마다 반복한다. 언젠가 어떤 학생이 "제가 이상설 선생님의 뒤를 따라 다시 중국에 가서 학교 설립에 힘쓰겠습니다"라고 말하기를 간절히 기다리며 오늘도 묵묵히 동포 자녀 교육에 매진하고 있다.

(문민)

귀환 중국동포 1세대와 노인복지

중도입국 자녀교육보다 더 심각한 것은 귀환 동포 1, 2세대의 고령화에 따른 노인복지 문제다. 아래는 박성규 귀한동포총연합회 회장의 이야기다.

"중국동포들이 이제는 중국에 가봐야 민족 공동체가 흩어져 있고, 고향에 가봐도 조선족은 뿔뿔이 흩어져 살고, 한족이 거반 들어와 살기 때문에 재미가 없다는 거예요. 한국이 더 살기 편하고, 제가 볼 때는 중국동포 90%는 한국에서 살고자 한다고 생각합니다."

1992년 한중수교를 전후한 이후부터 한국에 들어온 80만 중국동포 가운데 이미 60대 이상이 20만 명에 이르고 있다. 현재 경기도에는 귀한중국동포 중 국적취득자와 영주권을 가진 모든 분에게 정회원 자격을 부여하는 특별(중국동포) 경로당이 안산시 4곳(한아름경로당, 귀향민경로당, 온누리경로당, 만남경로당),

시흥시 정왕동 재한동포 및 외국인 경로당

수원시 3곳(새희망경로당, 신흥경로당, 진흥경로당), 성남시 1곳(한마음경로당), 고양시 1곳(귀환동포경로당), 시흥시 1곳('귀한동포 및 외국인' 경로당) 등 8곳이 있다.

이 중 시흥시의 '귀한동포 및 외국인' 경로당은 처음에는 '어울림(다문화)' 경로당으로 문을 열었는데, 실제 이용자 대부분이 중국동포인 점을 고려해 이름을 변경했다. 모두 구립·시립으로 지방정부의 지원을 받고 있다.

다른 지역도 마찬가지이지만, 특히 수원시중국동포협회 노순자 회장은 한국 국적이 없는 조선족 노인의 삶을 걱정하고 있다. 『한국에서 아시아의 비전을 찾다』의 노순자("한국에서 새로운 희망을 찾기 위해 노력하고 있다") 편에 나오는 이야기다.

"한국에서 살아가는 조선족 노인 중 특히 중국 국적을 유지하고 있
는 대부분 노인은 중국에서뿐만 아니라 한국의 사회복지 제도로부터도
도움을 받지 못해 여러 가지 어려움을 겪고 있어요. 이들에 대한 문제를
좀 더 적극적으로 살피기 위해 사회복지에 관해 공부를 시작했어요."

수원시 지동 신흥경로당에서 마작 게임을 즐기는 동포 노인들

2

경기도의
고려인마을

임영상

1920~1930년대 연해주의 고려인

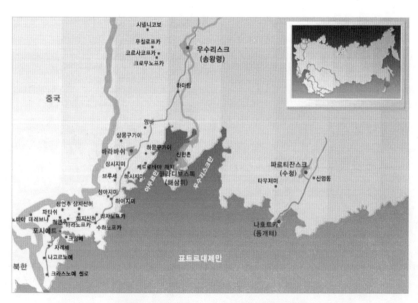

한인(고려인)의 러시아 연해주 정착촌 지도

출처: 한국외대

'고려인'은 오늘날 독립국가연합(CIS)에 사는 한민족을 지칭하는 용어다. 스스로 '고려사람' 혹은 '고려인'으로 칭하고 있다. 그러면, 1860년대 전반 이후 살길을 찾아 러시아 연해주로 이주한 한인이 언제, 어떤 배경 아래 '소비에트 고려사람(Soviet Korean)'이 되었는가?

제정러시아 시기 러시아 연해주·극동에서 한인의 삶은 개척자의 삶이 그렇듯이 역경과 고난의 삶이었다. 그런 가운데서도 1905년 을사늑약 이후 해외 한인 의병의 중심이 되었다. 안중근의 하얼빈 의거(1909.1.26)도 1908년 동의회(同義會)를 세운 연해주 한인사회 지도자인 최재형(시베리아의 '페치카')의 지원 덕분이었다. 한인사회는 두만강 건너 포시에트에서부터 우수리스크까지 확대되었다. 연해주의 수도인 블라디보스토크에는 1873년경부터 해안가에 한인촌(개척리)이 형성되었는데, 1911년 콜레라가 창궐하자 제정러시아 정부는 한인에게 시 외곽 산기슭으로 이주하라고 명령했다.

블라디보스토크 신한촌 복원도

출처: 한국외대

한인들은 새 주거지를 '새로운 한인 마을'이라는 뜻으로 신한촌(新韓村)이라고 불렀으며, 이후 러시아 연해주 한인사회의 중심지가 되었다. 일터를 찾아오는 한인 노동자뿐만 아니라 독립운동에 투신한 애국지사들이 찾은 신한촌은 해외 독립운동의 중심지가 되었다. 1919년 3.1 만세 시위운동이 3월 13일 중국 용정에 이어 3월 17일 연해주 우수리스크와 블라디보스토크에서도 일어났다. 1920년부터 매년 한인사회는 3.1운동 기념식을 개최했다.

1917년 러시아혁명에 이은 내전이 종식(1921)된 이후 소비에트 체제가 들어선 1920~1930년대 연해주 고려인의 삶은 특별했다. 일제강점기를 살았던 그 어떤 조선인보다 조선인답게 살았다. 모국어를 공용어로 배웠고, 모국어 문학을 쓰고 즐겼으며, 모국어 노래를 불렀다. 직접 출판한 모국어 신문을 읽었고, 모국어로 조국의 미래를 걱정했으며, 조선의 해방운동을 도모했다. 물론 이 모든 것은 1937년 중앙아시아 지역으로의 강제이주로 끝나버렸지만, 그 이전까지 연해주 고려인은 조선의 민족문화를 러시아 땅에서 배우고, 즐기며, 발전시킬 수 있었다.

소련은 사회주의 정책의 하나로 소수민족에 대한 민족어 교육정책을 시행했다. 사회주의 사상은 종교가 아닌 '과학'이기에 교육을 통해서만 이해되고 받아들일 수 있다고 생각했다. 그래서 소통 가능한 최적의 언어로 민족어를 적극적으로 활용하는 정책들이 시행되었다. 소수민족을 위한 문맹퇴치운동, 민족어 교육기관 설립, 공공기관에서의 민족어 서비스, 교과서와 신문 등 민족어로 된 나양한 인쇄물 발간이 진행되었다. 이는 결과적으로 소수민족의 민족어 교육 및 보급, 공동체 의식 함양에 크게 이바지했다.

1920~1930년대 조선은 일제강점기였다. 조선에서의 모국어 교육이 통제되고 금지되던 시기였다. 그러나 소련에서는 조선어 교육이 적극적으로 권장되고 지원되었다. 조선어가 탄압받던 한반도 현실과 달리 소련에서는 조선어의 전통을 잇는 고려말이 잉태되고 발전했다. 연해주 고려말 발전의 주역은 고려인 신문『선봉』이었다. 1923년 3월 1일에 창간되어 1937년 고려인 강

제이주 직전까지 발행된『선봉』은 고려인 공동체만을 위한 소식지가 아니었다. 조선과 소련 간 정보 소통의 메카였던 블라디보스토크 신한촌에 있었던 신문사는 고려인 소식뿐 아니라 식민지 조선의 소식도 지면에 담아 중국과 미주, 조선까지 정기 발송했다.

무엇보다 중요한 사실은『선봉』이 단순한 소식지가 아니었다는 것이다. 고려인의 민족 정체성을 만들고, 유지하고, 발전시키는 사령탑이었다. 고려말 교육과 문화에 미친 영향은 절대적이었다.『선봉』이 없었다면, 고려말을 중심으로 응집한 고려인 특유의 공동체 문화 발전은 불가능했을 것이다. 특히『선봉』은 고려인 문학 발전에 크게 이바지했다.『선봉』편집부는 '원동고려문단'의 실제 지도부였다. 문학작품을 직접 공모하여 심사했고, '독자문예'에 이어 '문예 페-지'라는 상설 지면을 만들어 고려인 문학작품을 꾸준히 소개했다. 그 덕분에 1920~1930년대 고려인은 조국이 아닌 타지에서 창작자와 독자로서 모국어 문학을 누릴 수 있었다. 더욱이 그 당시 조선인 작가들의 우상이 푸시킨, 톨스토이, 도스토옙스키, 체호프 등의 러시아 작가였고, 조선인 문학은 일제에 의해 탄압받던 시대였다는 사실에서 고려인 소비에트 문학의 시대적 가치는 특별하다고 할 수 있다.

1920~1930년대 고려인 학교는 대부분 고려말로 공부했다. 학교에 다닐 수 없는 근로자들은 통신교육을 받았다. 학령을 벗어난 성인들은 문맹퇴치학교에서 공부했다. 소련 정부는 고려인 교육을 위해 다양한 학교를 개설했다. 고려인 교사 양성을 위한 교육기관도 세워졌다. 1927년 설립된 '니콜스크-우수리스크 고려사범전문학교'와 1931년 블라디보스토크에 설립된 '원동조선사범대학' 등이다. 원동조선사범대학은 러시아어 교재를 번역하거나 고려말 교과서를 집필·출판했다. 1935년에는 이미 10여 종의 저서가 출간되었다.『조선문자의 기원』,『조선인 학생들의 전형적 현상인 로어에 대한 성음학적 착오』,『천도교의 기원』 등이다. 조선 활자를 따로 제작해 사용한 고려인 인쇄소도 있었다.

고려말은 고려인의 대표적인 극예술집단인 '원동고려극단'의 출현과 발전에도 지대한 영향을 미쳤다. 원동고려극단은 1932년 블라디보스토크에서 창립되었다. 고려인 연극인들로 구성된 극단은 고려말로 고려인 창작극을 공연했다. 조선 창극인 『춘향전』과 『심청전』도 각색·상연되었다. 일제강점기 조선에서 불가능한 모국어 극예술에 심취해 열광하는 연기자와 관객이 소련의 연해주에는 존재했다.

주민의 90% 이상이 고려인이었던 연해주 포시에트 지역의 관청들은 고려말로 업무를 수행했다. 소련 정부는 고려인의 문맹퇴치를 위해 광범위한 캠페인과 함께 각 촌락에 센터를 개설해 성인들을 교육했다. 그래서 1930년대 초반 고려인 대부분이 문맹에서 벗어날 수 있었다. 반면, 그 당시 조선인 문해율은 고작 22%에 불과했다. 소련의 고려인은 러시아어가 아닌 모국어로 읽고 쓰는 능력을 배웠고, 이는 조선어의 명맥을 타국에서 유지하게 하는 아이러니한 상황을 낳았다.

그러나 1937년 중앙아시아 지역으로의 고려인 강제이주는 고려인사회의 고려말 문화 환경을 바꾸어버렸다. 1938년 민족어 학교는 러시아어 학교

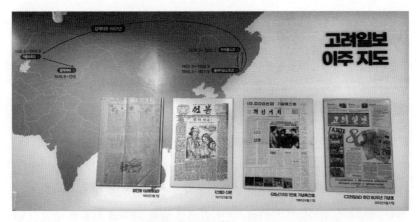

선봉/레닌기치/고려일보 이주 지도

출처: 광주 고려인마을

로 개편되었고, 카자흐스탄의 크질오르다로 이주한 조선사범대학은 러시아 사범대학으로 바뀌었다. 이로써 고려말 교육을 위한 기존 기반환경은 완전히 사라졌다. 그러나 다행히도 『선봉』 신문은 『레닌기치』(다시 『고려일보』로 개칭)로 그 명맥을 유지했고, '원동고려극단' 역시 '고려극단'으로 그 활동을 유지했다. 그러나 『레닌기치』와 고려극단은 모국어로 자유롭게 소통할 수 있는 독자와 관객을 잃은 일방통행의 신문과 극단이 되어버렸다.

고려인에 대한 모국어 교육정책은 궁극적으로 고려인 정체성 형성의 본질을 제공했다. 소련이 모국어 교육정책을 시행하지 않았다면, 고려인은 러시아어 교육시스템에 흡수되었을 것이고, '고려말'이라 칭할 수 있는 민족어의 흔적조차 찾기 어려웠을 것이다. "언어는 존재의 집"이라는 하이데거의 정의가 있다. 조선어와도 구별되는 고려말은 소련 이주민의 마음과 생각의 집이었다. 고려인만의 심상을 표현하고 나눌 수 있었던 1차적 소통 매체였다. 그래서 소련이라는 다민족국가에서 100여 년간 소련의 공민으로 살아온 고려인이 여전히 공통의 문화를 유지할 수 있었던 이유는 '고려말이라는 존재의 집'이 있었기 때문이다. (배은경)

왜 한국으로 귀환하는가?

1957년 스탈린 사후 일제의 스파이 누명이 벗겨진 고려인은 거주이전의 자유를 얻고 모스크바와 상트페테르부르크, 키이우와 하르키우, 노보시비르스크와 톰스크, 하바롭스크와 블라디보스토크 등 소련의 전역으로 흩어졌다. 고려인은 농촌 콜호스를 벗어나 소련의 도시 사람이 되어갔다.

1985년 고르바초프의 페레스트로이카 정책이 진전되고, 1988년 서울 올림픽으로 대한민국을 알게 된 고려인은 소련의 소수민족 가운데 가장 먼

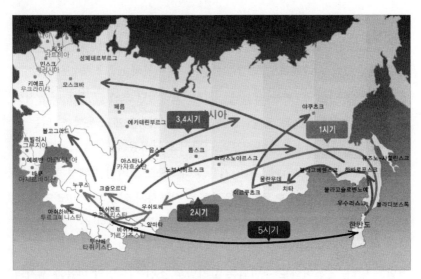

고려인의 이주사

출처: 한국외대

저 민족어와 전통문화의 회복을 위해 노력했다. 1990년 한국과 소련의 국교 수립 이후 한국 정부도 고려인동포의 한국어와 민족문화 회복을 지원하고자 한국교육원을 세워나갔다. 1991년 소련의 해체와 뒤이은 구성 공화국의 독립으로 고려인은 러시아 고려인, 우즈베키스탄 고려인, 카자흐스탄 고려인, 키르기스스탄 고려인, 우크라이나 고려인 등으로 분리되었다.

　중앙아시아 민족주의 대두와 타지키스탄 내전 등으로 우즈베키스탄과 타지키스탄 고려인은 다시 재이주의 길을 떠나야 했다. 강제이주의 길을 되돌아서 부모의 고향인 연해주로 귀환하기도 했고, 계절 농사인 '고본질'을 다니던 러시아 남부와 우크라이나로 떠나기도 했다. 러시아와 긴 국경을 맞대고 러시아인이 많은 사는 카자흐스탄에서 일자리를 찾기도 했다.

　중국 조선족과 달리 결혼이주여성으로 한국에 들어온 고려인 여성은 자신을 '외국인'으로 생각했다. 한국어도 상실하고 생활문화도 달라졌으나, 고려인의 코리안드림이 시작되었다. 한국교육원과 민간단체의 한국어와 한국문화 부활 노력에 이어 한국교회의 선교 활동, 한국기업의 진출, 한국의 대중문화 유입, 한국인과 만남 등을 통한 '동포 기대' 감정이 더 크게 작용했다. 그밖에도 고려인사회에 공유되는 한국의 특별한 의미, 즉 고려인에게 한국이 연해주와 더불어 역사적 뿌리와 사회적 연고라는 의미가 부여되었다.

2004년 「재외동포법」 개정으로 '재외동포'로 인정된 고려인은 여전히 코리아(Korea)에서 코리안(Korean)이 아니었다. 2007년 한국 정부가 방문취업(H-2) 체류자격 제도를 시행하고 또 재외동포(F-4) 체류자격 취득이 완화되면서 한국 취업이 수월해져 경기도 안산 선부동과 광주 광산구 월곡동 등 한국의 산업단지 주변에서 새 삶터를 찾기 시작했다.

진국의 신단(공단) 주변에 형성된 고려인마을

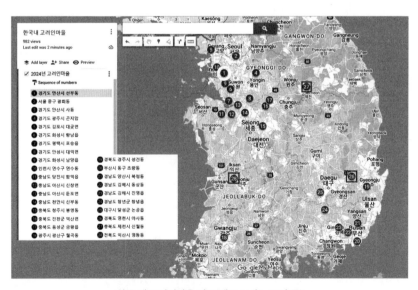

한국 내 고려인마을 지도(네모 표시는 조성 중)

출처: 코리안리서치센터

위는 코리안리서치센터(원장 주동완)가 제작한 국내 고려인마을 구글지도다. 500명 이상의 집거지로 수도권이 10곳이다. 사실상 신(新)수도권으로 편입되고 있는 충청 북부 지역(당진 합덕읍, 아산 신창면과 둔포면, 천안 신부동, 청주 봉명동)까지 합치면 전체 22곳 중에서 16곳이다. 호남 지방에는 광주시 1곳이지만, 영남 지방에는 5곳(김해시 동상동·진영읍, 창녕군 창녕읍, 경주시 성건동, 대구시 달성군)이다. 부산시 초량동과 양산시 북정동에도 적지 않은 고려인동포가 살고 있다. 대부분 지역의 산단 주변으로 고려인동포 다수가 공장에서 일하고 있음을 말해준다.

서울 중구 광희동에도 1천 명이 넘는 고려인동포가 살고 있다. 몽골타운도 함께 있는 '중앙아시아 거리'다. 큰길이든 골목길이든 키릴 문자 간판을 쉽게 볼 수 있다. 경기도 안산시 원곡동에서 시작해 현재 전국의 고려인마을에 임페리아 푸드(IMPERIA FOOD) 체인점으로 성공 스토리를 쓴 고려인 김넬리 가족의 한국살이가 시작된 곳도 바로 광희동이다.

한국어가 아주 부족한 상태인 고려인동포는 광희동의 상업지역에서 삶터를 내리기가 어렵다. 그래서 서울에 도착한 고려인동포는 먼저 광희동에서 외국인등록증을 받은 후에 안산을 비롯한 전국의 고려인마을로 흩어져나간다. 아래는 2022년 경북행복재단이 간행한 「경상북도 고려인 실태조사 및 지원정책 연구」에 나오는 2016~2021년 시·도별 고려인 인구 통계 자료다.

소수의 고려인이 거주하는 지자체를 제외했을 때, 서울과 부산의 고려인 수가 감소했다. 반면에, 인천(95.14%)과 충남(97.10%), 충북(86.68%)의 증가가 두드러졌다. 인천 연수구 연수동과 충남 아산시 신창면·둔포면, 충북 청주시 봉명동·사창동에 고려인이 많이 늘어난 것이다. 경북(66.03%)의 경주시 성건동, 광주(44.65%)의 광산구 월곡동, 경남(43.67%) 김해시 동상동과 진영읍에도 고려인동포가 늘어났는데, 실제 이들 고려인마을은 방문할 때마다 새로운 고려인 상점이 늘어난 것을 느끼는 곳이다(임영상의 『한국에서 고려인마을을 찾다』 참조).

시·도별 고려인 인구

구분	2016		2021		증감률
	빈도	비율	빈도	비율	
계	49,392	100.0	78,325	100.0	58.58
서울	2,964	6.0	2,571	3.3	△13.26
부산	1,519	3.1	1,371	1.8	△9.74
인천	4,320	8.7	8,430	10.8	95.14
대구	1,082	2.2	1,405	1.8	29.85
대전	116	0.2	126	0.2	8.62
광주	2,802	5.7	4,053	5.2	44.65
울산	290	0.6	334	0.4	15.17
세종	263	0.5	237	0.3	△9.89
경기	19,150	38.8	30,402	38.8	58.76
강원	380	0.8	398	0.5	4.74
충북	3,214	6.5	6,000	7.7	86.68
충남	6,079	12.3	11,982	15.3	97.10
경북	2,917	5.9	4,843	6.2	66.03
경남	3,705	7.5	5,323	6.8	43.67
전북	229	0.5	353	0.5	54.15
전남	285	0.6	366	0.5	28.42
제주	77	0.2	88	0.1	14.29

출처: 경북행복재단, 2022

경기도에서도 고려인 수가 지난 5년 동안 거의 60% 늘어났다. 여전히 안산시 선부동과 사동의 고려인 수가 많지만, 화성시 향남읍과 남양읍, 김포시 대곶면, 평택시 포곡읍, 광주시 곤지암읍과 안성시 대덕면에 고려인마을이 형성되었다. 특히 안성시 대덕면 내리 중앙대학교 안성캠퍼스 인근의 이른바 대학인마을은 이제 고려인마을로 불러야 할 정도가 되었다.

귀환 고려인동포의 '수도' 안산 땟골 고려인마을

광주광역시 광산구 월곡동과 인천광역시 연수구 연수동 등에도 고려인동포의 집거지가 형성되었으나, 경기도 안산시 선부2동 땟골은 여전히 고려인 사회의 '수도' 같은 곳이다. 선부고등학교에서 선일초등학교 사이에 있는 땟골은 안산의 옛 마을로 안산이 공단화되던 시기 외지 노동 인력을 수용하기 위해 다가구 주택들이 들어섰으며, 현재 건물 대부분이 20년 이상 노후화된 낙후지역이다. 200여 호의 다가구 주택들이 가구당 11개에서 15개까지 작게 방을 쪼개어 월세 세입자들을 받고 있다. 인근 원곡동이 다문화 거리로 개발되며 부동산 가격이 상승하고 포화상태에 이르자 고려인동포들이 자연

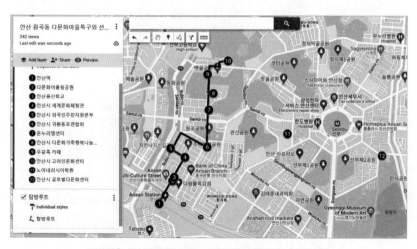

안산역①에서 땟골 안산시고려인문화센터⑩까지의 탐방지도

스레 보증금과 월세가 싼 뗏골 지역으로 밀려나게 되었고, 인적 네트워크로 친지와 친구를 불러들이는 고려인동포의 이주 특성이 더해져 시간이 흐르며 자연스럽게 고려인마을이 형성되었다.

2010년대 이후 고려인 수가 급증하자, 한국어를 상실한 고려인동포를 위한 한글야학이 2011년 초에 열린 것을 계기로 고려인지원단체 (사)너머의 활동이 시작되었다. 이후 (사)너머는 안산시와 시민단체와 연결해 뗏골의 고려인을 지원해나갔으며, 2014년 4월 안산희망재단과 MOU를 체결했다. 마침내 2014년 5월에는 안산시 평생학습관과 MOU를 체결하고 '뗏골 좋은 마을 만들기' 사업을 추진하기 시작했다.

2015년 7월 18일 뗏골 진입로인 삼거리에 고려인마을 카페 우갈록이 문을 연 것은 '선주민과 함께하는 안산 고려인마을'의 출발을 공식적으로 알리는 시작인 셈이었다. 2014년 7월부터 열린 뗏골 달[月]시장이 고려인마을카페 개소식과 함께 특별하게 열린 것이다.

한글과 러시아어로 쓰인 뗏골마을 안내판

우갈록 카페에서 가진 용산고 삼이회 칠순 행사(2021.10.7)

이후 우갈록은 고려인 청소년카페로도 사용되었으며, 현재는 고려인 할머니들의 사랑방이자 땟골 고려인마을을 찾는 방문객에게 고려인 국수 등 고려인 음식을 대접하는 곳으로도 활용되고 있다. 고려인문화를 알리는 공간인 셈이다.

(사)너머는 2014년 러시아 고려인 이주 140주년을 맞아 경기도와 안산시의 지원으로 2016년 설립된 안산시 고려인문화센터의 운영자로 참여하게 되었다. 고려인문화센터는 고려인 주민과 시민의 이용공간으로 다양한 문화·교육 프로그램, 상담(노동, 법률, 생활민원 등), 동아리 및 커뮤니티 등 지원사업과 고려인역사전시관을 운영하고 있다. 전시관은 비록 작은 공간이지만, 땟골 고려인마을을 찾는 학생이나 시민의 고려인 이해에 유용하게 활용되고 있다.

(사)너머와 안산시민단체의 노력으로 땟골은 지역의 원주민과 이주민인 고려인이 공존하는 공동체 마을이 되어가면서 귀환 고려인동포의 '수도'가 되었다. 고려인 상점들이 많아지고 또 새로운 건물들이 들어서고 거리가 깨끗해지면서, 안산의 가장 낙후지역 중의 하나였던 땟골이 고려인마을로 발전해가면서 '지역재생'이 이루어지고 있다.

현재 고려인문화센터에서 주도적인 역할을 하는 커뮤니티는 고려인 청소년이다. 2017년 고려인 강제이주 80주년을 맞아 안산에서 개최된 '함께 부르는 고려아리랑' 행사에서는 이미 20여 명의 고려인 중·고등학교 학생들이 행사 진행을 돕고 있었다. 고려인마을에 중도입국 고려인 학생이 늘어난 것인데, 그 시점은 2015년 여름부터였다.

2019년 50명의 중·고등학교 고려인 청소년들이 봉사단도 결성했다. 초등학교 때 부모 따라 한국에 온 지 4년에서 7년 정도 된 아이들이다. 그래서 한국어 실력도 나날이 늘어나 이중언어 구사자가 되고 있다. 고려인 청소년들은 자발적으로 부모세대를 돕기 위해 통역봉사단을 만들어 활동하기 시작하고, 우리동네 지킴이 청소년경찰단 방범대 활동뿐 아니라 멘토봉사단을 만들어 동생들도 챙긴다. 한국 근현대사를 공부하는 역사해설팀도 있어 고려인문화센터 방문객에게 고려인의 이주역사도 설명해줄 정도가 되었다. 2019년 3월에는 3.1운동 100주년을 맞아 고려인독립운동기념비 건립을 촉구하는 행사에도 적극적으로 참여했다.

선부동 땟골과는 많이 떨어진 상록구 사동 한양대학교 에리카캠퍼스 인

2019년 3월 17일 땟골 고려인 행사 '너머'

새 건물로 이전한 고려인센터 미르

근 원룸 지역에도 고려인동포들이 모이기 시작했다. 대학생들이 사용하던 원룸의 주거비용이 저렴했기 때문이다. 사동에서 땟골로 한국어를 공부하기 위해 오는 고려인동포의 요청으로 2014년 3월 사동에 '너머'의 분원이 만들어졌다. 땟골의 너머와 마찬가지로 지하방이지만, 고려인 주민뿐만 아니라 중앙아시아에서 온 이주노동자를 위한 야간 한국어교실, 통역지원 및 각종 상

사동 고려인센터 미르 입구와 내부의 지하 강의

담활동이 이루어졌다.

사동 지역의 고려인도 대부분 맞벌이를 하는 상황이라 일을 마치고 돌아올 때까지 아이들을 맡겨둘 곳이 마땅치 않았다. 고려인 초등학생들을 대상으로 임시 공부방을 개설해서 방과후 돌봄교실을 열지 않을 수 없었다. 학생들은 계속 늘어나는데, 냄새가 나는 지하방 등 열악한 환경이 문제였다. 이에 2018년 (사)동북아평화연대와 아시아발전재단 등의 협력으로 지원센터인 고려인센터 '미르'가 개소되고, '미르'의 방과후 돌봄교실도 정식 개원했다. 2019년 고려인센터 미르는 독립 비영리단체로 등록했다.

2021년 고려인센터는 안산시 다함께돌봄센터 7호점 해양가치키움터를 운영하면서 안산시 상록구 학사1길 21번지로 이전했다.

지원단체 활동이 활발한 화성·안성·평택 고려인마을

안산의 이웃 도시인 시흥시 정왕동에도 소수의 고려인이 시온고려인공동체(Sion Korean Diaspora Community)를 이루어 살고 있다. 1954년 우즈베키스탄 타슈켄트주 김병화콜호즈 출생으로 1997년 한국에 들어와 일하다가 2002년에 안수를 받은 이알카지 목사가 인도하고 있다.

광주시 곤지암읍에도 1993년 카자흐스탄 선교사로 떠났던 한국인 김홍배 선교사가 2015년 선교사 생활을 은퇴하고 돌아와 아우름다문화센터(교회)를 세우면서 고려인마을이 형성되고 있다. 곤지암에 러시아어를 잘하는 한국인 목사가 있다는 소문이 퍼지면서 광주지역뿐만 아니라 이천 등 다른 지역에서 고려인과 중앙아시아 사람들이 모여들어 현재 500여 명의 고려인 신도들이 교회를 통해 상부상조하는 공동체를 이루고 있다.

김포시 대곶면에도 인근의 산업단지에서 일하는 고려인동포들이 모여 집거지를 이루고 있다. 김포시외국인복지센터가 주관이 되어 고려인 주민을 위한 한국어교육 등을 시행하고 있다. 대곶초등학교 근처에 있는 대곶이웃살이 등에서 방과후 프로그램이 진행되고 있다.

안산의 선부동과 사동 외에 경기도의 고려인마을 중에서 지원단체 활동이 활발한 곳은 화성과 안성, 평택이다.

2023년 6월 현재 화성에는 총 5천여 명의 고려인이 살고 있다. 남부권인 향남읍 일대에 약 2천 명, 서부권인 남양읍 인근에 2,500여 명, 그 외 다른 지역 500여 명이다. 향남읍(발안)에는 아직 고려인동포 자조 단체가 형성되지 못했고 상가 수도 적다. 그러나 '문화더함공간 서로'를 통해 고려인이 모이고 있으며, 문화더함공간 서로의 조정아 서로장의 권유로 태권도 선수였던 최비탈리가 고려인공동체를 만들기 위해 노력하는 중이다.

2,500여 명의 고려인동포가 사는 남양읍에는 2020년 (사)더큰이웃아시아가 남양의 고려인동포 지원을 위해 세운 남양글로벌아시아센터와 타지키스탄 출신 고려인 모녀가 운영하는 신앙공동체가 중심이다.

남양글로벌아시아센터는 2020년 설립 때부터 고려인을 위한 한국어교

향남 문화더함공간 '서로'에서(왼쪽부터 남제니아, 조정아, 이상기, 김홍록, 양지윤, 채예진,
묵시나, 이현지, 로리타, 윤정숙, 최비탈리, 김양우)

실을 운영하고 있다. 또한, 설립 때부터 화성시의 작은도서관 사업에 방과후 교과로 논술 및 글쓰기 교사가 주관하는 도서관 독서문화 프로그램 사업과 주말 역사탐방도 열고 있다. 2022년에는 남양읍 신백중학교 체육관에서 고려인동포 가족운동회도 개최했다.

또한, 남양에는 타지키스탄 후잔트에서 온 고가이 스베틀라나·스텔라 모녀가 운영하는 선민교회와 선민학교가 있다. 선민학교는 러시아 학제로 운영되는 러시아학교인데, 2019년 9월 개교했다. 한국에서는 '선민러시아학원'으로 등록되었으며, 11월에 선민교회와 민들레어린이집을 열어 기독교 신앙을 가진 남양의 고려인공동체가 형성되었다. 2023년에는 향남 선민러시아학교와 향남 민들레어린이집을 열어 향남의 고려인공동체로 확대되었다.

2021년 7월 안성시 인구가 20만 명을 넘었는데, 외국인 주민이 1만 명 이상으로 대덕면에 26% 이상 거주하고 있다. 대부분 고려인으로 중앙대학교

2022 남양 고려인동포 가족운동회

출처: 더큰이웃아시아

안성시
다함께돌봄센터가 개최한
2022 다문화가족축제

안성캠퍼스 학생들이 사는 원룸촌 대학인마을인 내리에 집중되어 있다. 이제 내리는 대학인 · 고려인마을이 되었다.

2020년 11월 안성시가 내리의 마을회관 · 경로당 2층 유휴공간을 리모 델링해 학습실, 활동실, 상담 및 사무실, 화장실을 갖춘 안성시 다함께돌봄센 터 1호점이 문을 열었다. 한국어교육부터 해야 하는 '귀환' 고려인동포 아동 을 위한 '마을학교'인 셈이다. 고려인 학생이 70%가 넘는 내리 광덕초등학교 학생들이 행복해하는 다문화가족축제를 개최하고 있다.

평택의 경우에는 포승읍 도곡리가 중심이다. 포승읍 도곡리는 중국동 포타운과 고려인마을이 공존하고 있는 곳이다. 2006년경 원룸촌이 형성되 던 초창기에는 내국인 대비 6:4 비율로 중국동포 거주자가 많았지만, 2010년 대 이후 중국동포가 빠져나가고 고려인동포가 늘어나 현재는 내국인(5):고려 인(4):중국동포(1) 비율로 고려인동포 거주자가 늘어나 고려인마을로 변모하 고 있다. 포승읍 거주 외국인은 7천여 명인데, 고려인동포가 3,500명 이상으

고려인·중국동포 상점이 공존하는 포승읍 도곡리 거리

로 추산하고 있다.

포승읍에서는 고려인동포가 주축이 되어 자율방범대, 봉사단 활동이 이루어지고 있다. 마을 이장인 박준우 키즈카페 대표 등 지역민이 이주민에게 적극적으로 다가서고 화합하며 활동을 지원하고 있기 때문이다.

도곡리푸름자율방범대는 2022년 7월 발족하여 현재 30여 명이 활동하고 있다. 대장은 외국인이 맡고, 사무국장·부대장은 내국인이 맡아 지원자 역할을 하고 있다. 구성원은 고려인동포가 60%를 차지하고 몽골, 태국, 다문화가정, 내국인 주민이 참여해 1주일에 2회씩 활동을 펼친다.

또, 2022년 9월에는 도곡리푸름봉사단도 형성되어 마을정화작업, 통·번역 지원활동을 펼치고 있으며, '포승 고려인마을 사회적협동조합'도 결성했다.

고려인동포의 자녀교육: 안산 노아네러시아학원

독립국가연합인 CIS 지역의 고려인이 역사적 모국인 한국으로 다수 이주함에 따라 그들의 자녀교육 문제가 새롭게 부각된 지도 15년 이상의 시간이 흘렀다. 러시아 정부가 학력을 인증하는 러시아학교 '노아네' 임현숙 원장은 러시아 상트페테르부르크에서 유학하고, 경기도의 지원사업으로 남부러시아의 고려인 집거지인 볼고그라드 대학에서 2006~2008년까지 2년간 한국어와 한국문화를 가르쳤다. 그러다가 우연히 2015년 안산 선부동 땟골에서 볼고그라드의 옛 제자들을 7년 만에 다시 만났다.

그들은 각기 동포 체류자격(H-2, F-4)를 받고 한국에 들어와 취업하고 있는 상태였다. 그들의 자녀에게 한국의 학교는 열려있었으나 한국어 부족과 문화 차이로 러시아학교가 생기기를 기대하고 있었다. 당시 한국 내 러시아학교는 서울의 러시아대사관 산하를 비롯해 수원, 인천, 부산 등지에 있었다. 임현숙 원장은 2015년 제자들과 함께 기존 러시아학교들의 운영방식에 따라 안산교육지원청에 '러시아학원'으로 등록하고, 러시아 학력인증을 받는 러시아학교 '노아네'를 열었다.

우선 서울 러시아대사관의 문을 두드렸다. 그리고 우리에게 가장 가까운 러시아인 블라디보스토크에서 러시아 교과서를 구입하여 초·중·고등학생의 시간표를 짜고, 동포 체류자격를 받고 안산에 들어와 있는 경력 있는 고려인 교사들을 채용했다. 러시아 교과과정에 한국어를 넣었음은 두말할 나위도 없다.

2023년 8년째를 맞이한 '노아네' 러시아학교는 초·중·고생 100여 명과 14명의 교사가 고려인 요리사가 준비해주는 급식을 먹으며 공동체로 살고 있다. 교육을 위해 학생과 교사, 학부모가 하나 되는 공동체를 지향하다 보니 자연스럽게 정착된 것이 있다. 그것은 바로 세계시민이라는 의식이다. '노아네' 학교 재학생의 국적은 러시아, 우즈베키스탄과 카자흐스탄, 키르기스스

2023 노아네학교 입학식

탄, 타지키스탄, 우크라이나 등 다양하다. 그야말로 CIS 지역의 고려인이 대한민국 경기도 안산시 단원구 선부동에 모여 문화의 다양성을 체감하며, 서로를 존중하는 세계시민으로 성장하고 있다.

세계화 시대, 한국의 인구감소를 차치하고라도 이들은 러시아어, 한국어, 영어가 가능한 통일 한국 미래의 자원이다. 이런 이들에게 한국화와 단일한 자기정체성을 교육하는 것은 시대착오적인 발상이라 생각한다. 획일성이 아닌 공동체성을 인지한 세계시민이 안산에서 자라나고 있다.

▌ 다문화청소년문화클럽 '방주'의 방과후교실

CIS 지역에 흩어져 살던 고려인이 역사적 모국인 한국에 와서 자녀교육을 위해 이처럼 러시아학교를 선택하기는 하지만, 대다수는 한국학교를 선택한다. 그 결과 2023년 선부동 소재의 한 중학교는 20명 한 반에 12~15명이 고려인 학생들이다. 고려인 학생들이 수적으로 강세임에도 이들은 부족한 한국어와 문화의 다름에 충격받고 있다. 마침 '노아네'학교와 함께 비영리민간

노아네, 방주 건물 외관

단체(회원 140여 명)인 다문화청소년문화클럽 '방주'(이하 '방주')를 운영하는 임현숙은 2021년 '방주' 산하에 방과후교실을 열었다.

한국학교 수업이 끝나면 매일 모여 국어, 영어, 수학, 체험학습 등을 하면서 지낸다. 경제적·문화적으로 국내의 학원이 익숙하지 않은 학생들이 주로 모인다. 앞으로도 초등학생과 중·고등학생을 위한 방과후교실이 제2의 학교로서 다문화가정과 외국인 가정의 학생들을 적극적으로 도울 수 있기를 기대한다. 이 외에도 '방주' 산하에는 한국어센터가 있어 학생들뿐 아니라 성인들에게도 한국어와 토픽 과정이 개설되어 있다. 공동체로 생활한 8년의 세월 동안 한국 생활에 익숙해진 고려인 교사들과 한국인 교사가 협력하여 한국어를 가르치고 있다.

세계시민교육과 진로지도

러시아 졸업장을 받게 되는 '노아네' 러시아학교 학생들과 한국 졸업장을 받는 '방주'의 방과후교실 학생들은 공통적으로 세계시민교육과 함께 진로지도를 받고 있다. 한국에서조차 완전히 다른 길을 선택했고, 각기 다른 나라의 졸업장을 받게 되는 고려인 두 부류는 세계시민과 진로지도라는 공통분모를 찾았다. 러시아 졸업장이나 한국 졸업장이 있으면 한국은 물론 전 세계 대학에 입학할 수 있다.

안산에서 꽤 인지도가 있는 전문대학인 안산대학교와의 협업으로 2023년 고려인 학생들이 처음으로 장학금을 받고 입학했다. 세계시민포럼은 경희대학교 후마니타스칼리지를 통해 대학생들과 멘토·멘티 프로그램을 2년째 진행하고 있어 '노아네' 학생들도 멘티로 참석하여 대학생 언니, 오빠와 함께 한국의 대학 생활을 간접 체험하며 꿈을 키우고 있다. 또한 중앙대-

노아네, 방주 경복궁 체험학습

한국외대의 HK 접경인문학 프로그램을 통해 '노아네', '방주' 학생들은 동아리 활동과 체험학습, 1박 2일 비전캠프 등에 6년째 참여하고 있다. 이들의 한국살이가 이제는 대학을 넘어 세계를 향해 한 걸음씩 나아가고 있다.

그곳이 한국학교든 러시아학교든 학생들은 그 나이에 맞는 교과과정을 배우며, 인문학 교육을 통해 다양성과 창의력을 기르고, 한국어, 러시아어, 영어 감각을 키운다. 그리고 주로 한국에서 그들만이 할 수 있는 다양한 진로를 탐색한다. 작지만 조용히 21세기 통일 한국 시대를 살아갈 세계시민으로서의 준비를 하는 것이다. 이것을 굳게 믿고 격려하며 함께 나아갈 어른들이 필요하다. 재한 고려인의 탄생은 우리에게는 희소식임에 분명하다. 이 시점에 고려인의 역사적 모국인 대한민국은 그들에게 영주권을 주고 귀화를 권장하는 선택을 해야 한다. 그들은 21세기 문명공동체에 이바지할 고려인 디아스포라이기 때문이다. (임현숙)

노아네학교 교사들

고려인동포의 청소년교육: 안성 로뎀나무국제대안학교

디아스포라 고려인의 한국 이주는 한국의 경제적 발전에 힘입어 노동자로 입국하면서 한국 생활의 어려움으로 본국에 자녀를 두고 와야 했다. "한국에서 자리를 잡으면 부르겠다"는 부모의 약속은 빠르면 1~2년이지만 늦으면 7~8년이 훌쩍 넘어버리는 경우도 다반사다. 본국을 떠나올 때 아동이었던 자녀는 사춘기에 접어들었거나 사춘기를 훌쩍 넘긴 청소년으로 자신의 의지와 상관없이 자신들이 지냈던 친구와 학교를 뒤로한 채 한국에 이주하게 된다.

고려인 청소년은 한류 열풍과 어렴풋이 들어왔던 할아버지의 나라 대한민국에 간다는 부푼 꿈을 안고 한국에 이주해 들어온다. 그러나 막상 한국은 이들을 받아들일 마음의 준비가 부족하고 다문화 감수성의 부재로 고려인 청소년들은 또 다른 상처로 자존감과 자신감을 잃어버린 채 생활한다. 이들은 의사소통의 어려움과 낯선 한국문화, 정체성의 혼란을 겪으며 한국 생활을 하게 된다.

고려인 청소년들에게 로뎀나무국제대안학교는 아침에 일어나면 갈 데가 있고, 저녁이 되면 돌아올 수 있는 집과 같은 기관이다. 2019년 8월 9일 첫 입학식을 12명으로 시작했다. 로뎀나무학교를 설립한 소학섭 이사장은 평택대학교 일반대학원 석사논문(「중도입국 청소년을 위한 진로계획과 경험연구」)을 준비하는 중에 고려인 청소년을 만났다. 마침 평택대학교 다문화가족센터 인성교육을 맡고 있었기 때문에 고려인 청소년들에게 무엇인가 도움을 주고 싶은 마음에 "너희에게 무엇이 가장 필요해요?"라고 물었을 때 뜻밖의 대답을 듣는다. "우리 한국어를 많이 배우고 싶어요."

갑자기 한국어를 더 배우고 싶다는 아이들의 말에 학교가 생각이 났고, 바로 학교 설립을 위한 준비를 시작했다. 아내가 초등학교 교사였기 때문에 학교 설립을 위한 많은 자문을 해주었고 장소는 교회였다. 학교에 맞게 교실을 만들었고 기반 시설을 준비했다. 그리고 한국에서 일하는 고려인 여성 중에 한국 남자와 결혼해 본국에 있는 자녀를 한국으로 불렀으나 함께 사는 것에 대한 부담을 가진 가정환경 때문에, 또 지방에서 학교에 다니려는 학생들을 위해 주변 아파트를 월세 계약해서 기숙사를 제공하기로 했다.

지방에서 올라온 학생들, 부모와 함께 살 수 없는 학생들을 대상으로 '기숙사형 고려인 청소년 전문 대안학교'가 문을 열게 되었다. 개교 당시 고려인 청소년들에게 취업 연계를 해주기로 하고 기술직에 중점을 두었다. 그러나 해를 거듭할수록 상급학교를 꿈꾸는 학생들이 많음을 알게 되었고, 현재는 다양한 진로 경험을 통해 스스로 자신에게 맞는 진로를 계획할 수 있도록 교육환경을 만들어주고 있다. 진로를 위한 첫 단추는 바로 한국어다. 로뎀나무 국제대안학교는 개교할 때부터 수준별 맞춤형 한국어교실을 운영하기 위해 3개 반을 운영할 정도로 교육열이 매우 높은 대안학교다.

기초반 훈민가반, 입문반 훈민나반, 초급반 훈민다반, 중급반 정음반, 취

로뎀나무국제대안학교
한국어 현장 수업

업반 세종반으로 5개 반을 운영하고 있다. 철저한 담임제로 1년에 2회 의무적으로 토픽 시험을 보게 하여 자신의 수준을 알게 했고, 상급반을 공부할 수 있도록 지도하고 있다. 그 결과 로뎀나무국제대안학교에서 한국어를 공부한 고려인 청소년 2명이 2022년에 과학기술대학교와 아주대학교에 입학할 수 있었다. 그뿐만 아니라 입학한 학생들과 학부모들에게 진로에 대한 입시설명회(토크콘서트)를 했는데, 고려인 부모들의 관심이 상당하다는 것을 알게 되었다. 로뎀나무국제대안학교는 교실에서만 수업하지 않는다. 경기도의 후원을 받아 고려인동포 정착지원사업의 하나로 한국어를 배웠으며 현장(사회)에서 사용할 수 있도록 분기별로 야외에 나가 현장 한국어 수업을 한다.

고려인 청소년에게 한국어 못지않은 중요한 부분은 한국문화이해다. 고려인 성인들도 공장에서 주·야간으로 일하다 보니 한국에서의 여행은 쉽지 않고, 더욱이 자녀와 함께 여행을 간다는 건 많은 제약이 따른다. 그러다 보니 고려인 청소년들은 낯선 한국 땅에서 모든 것이 익숙하지 않고 한국문화는 더더욱 청소년들에겐 받아들이기 쉽지 않은 부분이다. 한국문화를 이해하는 만큼 한국 사회에 대한 적응도 달려있다고 생각하여 로뎀나무국제대안학

로뎀나무국제대안학교 고려인학생 성년례

교는 연간 4회 한국문화를 접할 수 있는 한국의 문화 유적지 견학 및 여행, 다양한 프로그램으로 고려인 청소년들에게 문화이해와 여행의 기쁨을 선사하고 있다. 또한, 해마다 안성시의 후원으로 성년례를 통해 한국의 전통문화를 이해하고 정체성 부재에서 벗어나 고려인으로서의 자긍심을 갖고 당당한 한국 사회의 구성원으로 살아갈 수 있도록 돕는다.

로뎀나무국제대안학교는 2023년 제4회 고려인 청소년의 밤(축제) 행사를 개최했다. 한 해 동안 갈고닦은 한국어로 연극, 노래, 밴드, 영상 등 볼거리를 학부모와 지역주민, 또래 친구들을 초청해 발표했다. 2022년 교내 캠퍼스에서 먹거리를 선보였고 다목적홀에서는 발표회가 있었는데, 200여 명의 내외빈으로 발 디딜 틈이 없을 만큼 대성황이었다. 소학섭 이사장은 앞으로 야외에 더 큰 무대를 마련하여 지역주민, 인근 중·고등학교 학생, 학부모와 또래 친구들을 초청하여 고려인에 대한 인식을 개선하고 어울려 하나 되는 축제로 자리 잡게 하겠다고 밝혔다.

로뎀나무국제대안학교는 「초·중등교육법」 제28조에 따라 학력을 인정받는 경기도 교육청 위탁형 다문화 대안교육 기관이다. 한국어로 인한 의사소통에서 겪는 어려움과 한국문화 이해 부족으로 일반 학교 적응에 힘들어하는 중도입국 청소년이 꿈을 포기하지 않도록 믿음, 성실, 도전이라는 교훈으로 학생들에게 자신의 미래를 디자인할 수 있도록 돕는 역할을 하고 있다.

고려인 청소년의 밤 「흥부와 놀부」 공연과 행사를 마치고

대부분 고려인 학생들로 한국어와 일반 교과로 수업이 진행되며 오전에는 한국어, 오후에는 정규과목(국어, 영어, 한국사, 사회), 팀 융합 프로젝트, 창의 체험 활동 등 다양한 수업을 받을 수 있다. 또한, 로뎀나무국제대안학교는 경기도 교육청 권역별 예비학교도 운영하고 있다. 이는 학적이 없는 학령기의 중도 입국 청소년들이 공교육에 입학하거나 진입할 수 있도록 일정한 교육 이수 후 학력 심의를 통과하면 학적을 부여하고 공교육에 진입할 수 있게 하는 제도다. 그뿐만 아니라 경기도 고려인동포 정착지원사업과 고려인동포 인식개 선사업에 선정되어 한국어교육 및 다양한 프로그램으로 당당한 한국 사회의 구성원으로 성장하는 데 책임을 다하고 있다. 또한 전국에서 몰려오는 고려 인 청소년들을 위해 기숙사 건립과 더불어 현재 5개의 교실이 부족하여 학생 을 더 받을 수 없어 교실도 증축할 예정이다. 지자체와 정부의 지원이 없어서 일반인 후원으로 공사를 하려다 보니 어려움은 많으나 고려인 청소년의 미 래 교육을 반드시 책임지겠다는 비전을 가지고 있다. (소학섭)

로뎀나무국제대안학교 2023년 1학기 입학식

PART III

경기도의
외국인
주민
커뮤니티

1

처음으로 외국인을
'주민'으로 받아들인
안산

임영상

안산시 외국인주민지원본부

출처: 안산시

안산시의 외국인 사업, 언제나 국내 최초!

　　2023년 6월 현재 115개 나라 사람들이 어우러져 사는 '한국 속의 작은 지구촌' 전국 최대 외국인 밀집 지역인 안산. 2008년 3월 안산시가 '외국인 주민센터'(현 외국인주민지원본부)를 시의 부서로 둔 것은 안산의 '역사'로 기록될 만하다. 돈을 벌기 위해 들어온 외국인을 '주민'으로 받아들인다? 지금도 불편한 시선을 보내는 한국 사회에서 쉽지 않은 결정이었다. 1년 후인 2009년 3월, 안산시는 「안산시 외국인 주민 인권증진 조례」도 제정했다. 역시 국내 최초다.

　　다문화 한국 사회가 전개되면서 외국인 지원 활동에 참여하는 지자체나 민간단체, 그리고 중앙정부 산하기관(예: 의정부 외국인노동자지원센터)에서도 세계문화체험관을 만들고 있다. 2012년 1월 안산시는 원곡동 옛 주민센터 별관에 세계문화체험관(처음 명칭 '다문화홍보학습관')을 개관했다. 이 또한 국내 최초로, 다양한 문화를 체험할 수 있는 '작은 박물관'이다. 전시실에서는 다문화 강사(안산 거주 외국인 여성)의 설명에 따라 중국, 베트남, 캄보디아, 인도네시아,

의상체험을 하며 즐거워하는 한국외대 학생들

Speak 소통

**상호문화도시 안산시
〈원곡동 다문화마을 특구〉**

원곡동 다문화마을특구 페이스북

일본, 우즈베키스탄, 콩고, 나이지리아 등 국가별 악기, 인형, 유물, 의상 등을 보고, 듣고, 체험할 수 있다. 의상체험이 가장 인기다.

2012년 11월 7일 안산시 문화예술의 전당. 외국인이 많이 사는 서울 구로구, 경기 안산, 수원시 등 전국 24개 두시 대표들이 모여 '전국다문화도시협의회' 창립총회를 열었다. 총회를 준비하고 주도한 안산시 김철민 시장이 협의회 회장, 안산시가 회장도시가 되었다. 10년이 지난 2022년 10월 제11대 전국다문화도시협의회 정기회의에서 김포시가 회장도시로 선출되었다. 참여 도시도 27개로 늘어났다. 협의회 회장인 김병수 김포시장은 "이제는 '다문화에서 상호문화'로 인식의 전환이 필요하다"고 했는데, 2020년 2월 안산시는 유럽평의회(The Council of Europe)가 주관하는 상호문화도시(Intercultural city)로 지정되었다. 아시아에서 두 번째지만, 국내에서는 역시 최초다.

유럽평의회는 우수한 상호문화도시에 대한 비교분석을 위해 18개 지표, 86개 문항으로 구성된 100점 만점의 상호문화도시 지수를 평가하고 있다. 안산시는 18개 지표 가운데 기업, 노동·미디어, 커뮤니케이션·상호작용 등 3개 지표에서 100점 만점을 받았으며, 그 외 외국인 주민을 대상으로 추진 중인 주요 사업들도 높은 평가를 받았다. 2021년에는 구로구가 국내에서 두 번째로 상호문화도시로 선정되었으며, 다문화도시협의회의 다른 도시들도 상호문화도시가 되려고 노력하고 있다.

전 세계 196개국(2021년 1월 기준)이 비준한 UN아동권리협약은 국제사회가 이 세상 모든 아동의 인권을 보호·증진·실현하기 위해 만든 약속이다. 한국은 1991년 협약을 비준했다. 그러나 부모의 뜻에 따라 한국에 사는, 심지어 한국에서 태어났어도 외국인 아동은 한국 국적이 아니어서 보호받지 못하고 있다. 수년 전부터 지자체(기초)마다 외국인 아동에게도 어린이집 보육료를 지급하고 있다. 특히 화성시는 전국 최초로 2023년 5월부터 외국인 자녀에게 보육료와 유치원비를 전액 지원한다고 발표했다. 그러나 안산시는 이미 2018년 7월부터 어린이집에 다니는 만 3세부터 5세까지 아동에게 매월 22만 원을 지급했다. 역시 국내 최초였다. 당시 혜택을 받게 된 외국인 아동이 662명이었다. 이러한 안산시의 노력은 경기도를 넘어 타 시·도로 확산했다.

2020년 1월 20일, 국내에서 코로나19 환자가 처음 발생했다. 2023년 5월 5일, 세계보건기구는 코로나19의 국제적 공중보건 비상사태의 해제를 발표했으나, 전문가들은 한정된 지역에서 주기적으로 발생하는 감염병을 뜻하는 엔데믹(Endemic) 상태로 보고 있다. 코로나19가 세상을 바꾸는 과정에 지자체마다 다투어서 코로나19 재난지원금을 지급했다. 물론 외국인은 제외였다. "바이러스가 내국인과 외국인을 차별하느냐?", "외국인도 세금을 다 내고 살지 않느냐?"는 여론이 일어나는 가운데 이번에도 안산시가 먼저 나섰다. "외국인이 우리 산업역군의 중심이기 때문에 외국인에게도 이번에 (내국인의) 70%인 7만 원을 지급하는 결정을 내렸습니다."(윤화섭 안산시장)

안산시의 외국인 인구는 9만 985명이다(2023년 4월 기준). 전체 안산시 인구(72만 8,465명)의 12.5%다. 다문화 대표도시 안산은 이제 한국 사회가 다문화를 넘어 상호문화 사회로 나아가야 함을 보여주고 있다. 이 또한 앞선 발걸음이다.

안산시의 외국인 주민 커뮤니티 활동

외국인 배려 사업에서 항상 국내 최초를 기록한 '상호문화도시' 안산. "안산은 우리의 고향"이라는 외국인의 말에 공감할 수 있다. 그러면 안산시의 외국인 주민 커뮤니티 활동은 어떨까?

외국인주민본부의 지원을 받는 안산시 외국인주민협의회에는 2023년 4월 현재 9개국 출신 16명의 위원이 활동 중이다. 본부가 지원하는 공동체 활동은 세계민속노래동아리(인터내셔널영드림즈), 역사동아리 이스토리아(너머), 와글와글(한국농아인협회 안산지회), 오순도순(본오종합사회복지관), 헤어미용반, 커피바리스타반(온누리다문화평생교육원), 지구인라디오 제작클럽(안산공동체미디어) 등이다.

안산시도 다른 지자체와 마찬가지로 5월 20일 세계인의 날을 전후한 기념행사를 대표 축제로 개최해왔다. 2020년 제13회 세계인의 날 행사는 코로나19로 가을에 열렸다. 또, 외국인주민본부가 지원하는 국가별 축제는 쫄츠남(캄보디아), 쏭크란(태국), 끈두리(인도네시아), 보이시키멜라(방글라데시) 등이 대표적이다.

제13회 안산시 세계인의 날 기념식

출처: 안산시

중국동포가 절반인 원곡동 주민자치회

안산시의 외국인 인구 9만 985명 가운데 중국동포(4만 5,868명)와 고려인 동포(2만 1,836명)가 6만 7,704명으로 74%다. 중국동포는 원곡동과 본오동에 많이 산다. 그래서 2019년 2월 25일 원곡동에서는 3.1운동 100주년을 맞아 "연변 3.13운동도 함께 기억하자"라는 주제로 강연회와 사진전시회가 열렸다. 원곡동주민자치위원회(위원장 강희덕)와 안산귀환동포연합회(회장 방일춘)가 행사를 후원했다.

안산시는 행정안전부의 방침에 따라 2020년 1월부터 기존 읍·면·동장의 자문기구인 '주민자치위원회'를 시장이 위촉하는 주민자치협의·시행 기구인 '주민자치회' 체제로 바꾸었다. 2020~2021년은 시범적으로 상록구 일동과 단원구 원곡동 두 곳에서 시작했는데, 외국인 주민이 다수인 원곡동이 포함된 것은 상징하는 바 컸다. 주민자치위원회 활동이 모범적이어서 시범지역으로 선정된 것이다.

원곡동 주민자치위원회에 외국인 주민이 참여한 것은 2013년 7월 중국동포 방일춘이 처음이다. 1998년 안산 원곡동에 들어온 방일춘은 2018년 6월까지 만 6년간 임기 2년의 원곡동 주민자치위원을 세 차례나 연임했다.

3.1운동 100주년 행사(오른쪽 첫 번째가 방일춘, 세 번째가 강희덕)

2017년 7월에는 부위원장이 되었는데, 강희덕 주민자치위원장이 추천했다. 원곡동 토박이인 강희덕은 원곡동 주민자치위원회 구성원 30%를 외국인 출신으로 구성했다. 다문화특구로 지정된 원곡동의 지역적인 특징을 받아들이고, 이주민과 이주민의 문화를 이해하고 함께하자는 취지에서였다.

원곡동 주민자치위원회 부위원장 방일춘은 '한국 속의 작은 세계'인 원곡동이 안전한 거리뿐만 아니라 깨끗한 거리가 되어야 한다는 생각에 원곡동 마을만들기에 적극적으로 참여했다. 원곡동 주민자치위원회가 주관하는 마을소식지「글로벌 공동체 원곡동 사람들」간행과 올바른 쓰레기 버리기 포스터 공모전, 원곡동 행정복지센터 일원에서 열린 글로벌 공동체 원곡동 꼬치축제(2018.9.15)도 함께했다. 중국과 우즈베키스탄을 비롯한 다양한 나라의 꼬치 음식을 주제로 펼친 원곡동 꼬치축제는 성황을 이루었다.

2019년 9월 28일 개최된 제2회 원곡동 꼬치축제도 내외국인 1천여 명이 모인 가운데 큰 성과를 거두었다. 주민자치위원회가 주관한 마을축제가 자리를 잡아갈 수 있었던 것은 외국인 주민이 절대다수인 원곡동의 특성

쓰레기 버리기 포스터 공모전 당선작

2018 원곡동 꼬치축제

을 잘 살렸기 때문이다. 제3회 원곡동 꼬치축제는 코로나19로 2년을 건너뛴 2022년 10월 22일 원곡동 꼬치 다문화음식축제로 개최되었다. 이번에는 주민자치위원회가 아니라 주민자치회(36명의 회원 중 16명이 외국인 출신) 주관이었다. 2020~2021년 시범 기간에 이어 2022~2023년 원곡동 주민자치회 회장을 맡은 강희덕 회장은 꼬치축제에 참여해 음식 부스를 운영한 11개 업소의 협조를 받아 사랑의 김장나눔 행사에 후원금을 전달했다. 이러한 행사는 주민자치의 좋은 모델이 되고 있다.

사랑의 김장나눔 후원금 전달(왼쪽 세 번째가 강희덕 주민자치회 회장)

출처: 매일경기

2

이주민 노동운동을
선도한
남양주

이영

이주노동운동의 산실 마석가구공단 이주노동자

마석가구공단 전경

마석가구공단의 미등록이주노동자는 한국 사회 이주노동의 역사와 궤를 같이하고 있다. 이주노동자 당사자 운동의 시금석이 되었고, 이주노동자가 주체적인 세력으로 자리매김하는 데도 주도적인 역할을 했다.

마석가구공단의 미등록이주노동자는 1999년 추석 연휴에 이주노동자 수련회에서 이주노동자가 행사를 준비하는 과정과 진행을 통해 자발적이며 주체적인 인식과 연대를 갖는 계기가 되었다. 또한, 마석가구공단과 인연을 갖고 있던 성공회대학교 박경태 교수의 주도하에 성공회대학교에서 '이주노동자를 위한 노동학교'가 개설되어 노동자 문화, 사회운동, 한국 노동운동의 역사, NGO 활동에 대한 의식화 교육을 통해 이주노동자의 주체적인 역량과 이주노동자 운동을 위한 동기부여가 되었다.

또한, 마석가구공단의 미등록이주노동자는 산업연수생제도 폐지와 미등록이주노동자 합법화 투쟁, 노동절(메이데이) 행사에도 적극적으로 참여하게 되었다. 2000년 10월에는 이노투본(이주노동자 노동권 완전 쟁취와 이주 취업의 자유 실현을 위한 투쟁본부)이 결성되면서 미등록이주노동자의 의식화 학습과 집회 조직 활동에 함께했다.

2001년 5월 이후에는 마석가구공단의 미등록이주노동자를 주축으로 하여 평등노조 산하의 '서울경인지역 평등노동조합 이주노동자지부'가 설립되어 노동조합 조직 구성을 위한 기반을 구축했다. 하지만 2002년 9월 마석가구공단의 핵심적인 미등록이주노동자가 출입국에 의해 표적 단속되면서 활동이 위축되기도 했다.

이런 와중에 고용허가제 시행을 앞두고 5년 미만의 미등록이주노동자를 합법화하는 한시적 조치가 시행되면서, 이에 제외된 많은 미등록이주노동자는 배제와 강압적인 단속추방에 저항하여 전국적으로 농성 투쟁을 전개했다. 마석가구공단 미등록이주노동자도 농성 투쟁의 대열에 본격적으로 참여했다(명동성당 농성은 2003년 11월 15일부터 2004년 11월 28일까지 380일간 천막농성. 마석 샬롬의 집에서 2003년 11월 16일부터 30일까지 농성).

농성 투쟁 이후 2005년 4월 24일에는 이주노동자 당사자가 주체가 되어 주도적으로 이주노동운동 투쟁의 전면에 나서면서 '서울경기인천 이주노동자 노동조합'을 결성하여 이주노동 역사의 새로운 분수령을 이루게 되었다.

한국 사회 이주노동운동 역사의 인물

아래에서 한국 사회 이주노동운동에 기여한 마석가구공단 이주노동자 중 대표적인 인물을 소개하고자 한다.

비두(Bidduth Khademul Islam)

비두는 1996년 국내에 입국하여 마석가구공단에서 이주노동을 시작하며 이주노동자의 열악한 노동 상황과 처우에 대해 자각하게 되었다. 이후 2002년 4월 28일부터 77일간 '집회결사 자유 쟁취, 추방 반대, 노동체류자격 쟁취'를 위한 명동성당 농성에 참여하게 되었다. 하지만 2002년 9월 2일 새벽에 기숙사에서 강제 연행되어 출입국에 인계되었다.

비두는 출입국 외국인보호소에서도 이주노동자의 노동권 쟁취를 위해 계속 단식투쟁을 했다. 결국, 21일간의 단식투쟁과 국가인권위원회의 진정을 통해 3개월 만에 일시 보호 해제 조치로 풀려났다. 그 이후에도 이주노동자의 노동권 쟁취를 위한 투쟁을 멈추지 않고 계속하던 중 2003년 10월 26일 '전국비정규직 노동자대회' 행진 도중 경찰에 연행되어 결국 강제 추방을 당하게 되었다. 그러다가 국제테러리스트로 둔갑, 정치범으로 송환되어 재판을 받았으나 '증거 불충분으로 인한 무혐의' 판결을 받았다.

이후 비두는 방글라데시에서도 지역사회의 소외된 사람들의 권리를 확

2023년 7월 2일
한국 시민사회단체가
국내 체류 중 이주노동운동의
선도적인 임무를 수행한
비두에게 감사의 마음을 담아
감사패 전달

립하고 농촌 및 도시 사람들의 지속가능한 개발을 보장한다는 목적을 가지
고 2004년 7월 1일 BPS(Bangladesh Patriot Society)를 조직하여 활동하고 있다.

▌섹 알 마문(Shekh al Mamun)

마문은 1998년 한국에 와서 마석가구공단에서 이주노동자로 일했으며,
현재는 비영리 이주민문화예술단체 '아시아미디어컬쳐팩토리(Asia media culture
factory; AMC Factory)'에서 이주민이 주체적인 문화예술 활동에 참여할 수 있도
록 주도적 역할을 하고 있다. 또한, 독립영화감독으로서 이주노동자, 이주민
의 삶과 현실을 영상에 담아 한국 사회에 이주의 생생한 목소리를 전하는 활
동을 활발히 하고 있다. 특히 마문은 어느 한 영역, 한 조직에만 국한된 활동
을 한 것이 아니라 이주노동자 권익 활동, 이주민 권익을 위한 시민단체 및
공익법률단체의 이사 활동, 이주민 문화예술 활동 등 이주민의 권익을 위해
전방위적으로 활동하고 있다.

마문은 2003년 말부터 시작된 380일간의 이주노동자 명동성당 장기 농

2020년 11월 14일 이주민의 인권 가치를 함양하고, 권익 향상에 기여한 이주민 활동가 당사자에게 주는 제1회 미누상을 수상한 마문

성 투쟁에서 조직국장으로 활동하며 이주노동자의 노동권 쟁취를 위해 발 벗고 나서기도 했다. 2012년부터 현재까지 이주노동자 노동조합 수석부위원 장으로 활동하면서 이주노동조합의 노조설립 합법화에 이바지했음은 물론, 많은 이주노동자의 노동 상담과 그 피해 구제를 위해서도 노력하고 있다.

┃ 어쏙 타파(Ashok Thapa)

어쏙은 2000년 산업연수생으로 한국에 온 후 마석가구공단에서 미등록 이주노동자로 일하면서 이주노동자방송국(MWTV)에서 이주노동자의 노동권 실태를 보도하는 활동을 하다가 2009년 네팔로 귀국했다.

이후 네팔에서 작품활동을 하면서 2013년 4월 21일 제9회 알자지라 국 제다큐멘터리 필름 페스티벌(영화제) 단편 부문에서 「코리안드림」으로 심사위 원상을 수상했다. 아랍권 최대의 미디어그룹인 알자지라 네트워크에서 주관

2013년 4월 21일 제9회
알자지라 국제다큐멘터리 필름
페스티벌(영화제) 단편 부문에서
「코리안드림」으로 심사위원상을
수상한 어속(가운데)

한 다큐멘터리 영화제는 세계적으로도 가장 인정받는 영화제다. 그해 출품된
90개국 1,400여 개 작품 중 30개국 205개 작품만 본선에 초대됐고, 그중에서
도 최종 17개의 작품만이 수상의 영광을 누렸다. 「코리안드림」은 이주노동자
로 다국적 밴드 스탑크랙다운에서 활동한 미누의 삶을 그린 다큐멘터리 작
품이다. 네팔에서 영화사상 국제영화상에서의 첫 수상자다.

모누(Mohammad Minhaj Ahamed)

모누는 2000년 한국에 왔다. 마석가구공단 내 방글라데시 공동체의 대
표로 활동하면서 상담 통역을 담당했고, 공동체 소식지 발간 및 문화활동, 지
역 봉사활동에도 적극적으로 참여했다. 2013년에는 방글라데시로 귀국하
여 마석가구공단에서 일하다가 귀환한 이주노동자와 함께 지역사회에서 어
려움을 겪고 있는 취약계층에게 나눔과 자립의 봉사활동을 실천해오다가
2018년 '희망의 다리(Bridge of Hope)'라는 단체를 설립했다.

무료 컴퓨터교실을 운영하며 현재 1년에 300~400명의 학생을 교육하
고 있다. 또한, 경제적 어려움으로 학교에 취학하지 못한 학생들을 모아 공
부방을 운영하고 있으며, 코로나19 시기에는 취약계층의 영유아에게 분유와
의약품 전달, 가방이 없는 학생들에게 가방 선물, 거리에서 노숙하는 어린이

가방이 없는 학생들에게 가방을 선물하고, 취약한 아동에게 약품과 건강식품 전달

들에게 담요 전달 등 많은 봉사활동을 해왔다. 이를 인정받아 방글라데시에서 IVD Bangladesh 자원봉사상을 받았다.

　지금도 이주노동의 지속적인 반복으로 발생하는 악순환의 고리를 끊고, 지역사회가 자립할 수 있는 기반을 마련하여 상호공생하는 사회를 마련하고자 노력하고 있다.

이주노동 악순환의 고리를 끊자!

　마석가구공단은 1990년대부터 시작된 한국 사회 이주노동의 단면이 고스란히 녹아 있는 곳이다. 마석가구공단의 특성은 한 공간 안에 일터와 생활공간(숙소)이 함께 있는 일체형이라는 점. 이에 따라 어느 지역보다 이주노동자(공동체) 간에 친밀감과 유대감 형성이 수월하다는 점이다. 이러한 상황에서 마석가구공단은 이주노동자 밀집 지역으로 낙인되어 출입국 단속의 표적이 되어왔다. 이에 저항의식과 함께 연대감이 결속되어 이주노동운동의 산파 역할을 감당하게 되었다. 마석가구공단의 이주노동자는 자본주의의 빈부 격차

로 파생되어 강요된 이주노동 악순환의 고리를 끊고, 차별이 없는 평등한 사회 실현을 위해 귀환 후에도 지역사회 내에서 활동을 멈추지 않고 있다.

> *이 글은 2023년 11월 3일 출판된 마석가구공단 이주노동자의 일터와 삶을 중심으로 한 '그림자를 찾는 사람들' 중 일부를 발췌한 글임을 알려드립니다.

3

일찍부터
중국동포·외국인을 섬겨온
성남

김용필

"1998년경 국내 최초로 경기도 성
남시에 외국인주민지원센터를 건립
하자는 논의가 있었다. 그래서 경기
도로부터 예산 40억 원까지 받아놓
고, 반대 여론을 극복하지 못하고 물
거품이 되었다. 그 후 2012년경 성남
시에서 외국인주민지원센터를 시유
지에 설립할 계획이었지만, 이 역시

이상락 성남민주화운동사업회 이사장

반대 여론에 부딪혀 건립계획이 무산되었다. 결국, 성남시 외국인지원
센터는 2013년 7월 중국동포들이 많이 거주하는 수진동에 위치한 제
일프라자 건물 2층에 성남시 외국인복지지원센터 이름으로 설립되어
10주년을 맞게 되었다."

성남주민 이상락 위원장과 이해학 목사

성남시 외국인주민복지지원센터장으로 활동하다가 2023년 8월 은퇴한 이상락 성남민주화운동사업회 이사장의 말이다. 이상락 이사장은 성남시 외국인지원 활동의 산증인이다. 충청도 서천 고향을 떠나 1977년 성남에 와서 1984년부터 도시빈민운동 활동가로 활약하면서 1990년대부터 성남의 주민교회 평신도로서 이주민 지원 업무를 돕는 활동을 해왔다. 30년 가까이 성남 외국인 이주민을 돕는 활동을 해온 것이다.

또한, 1995년부터 2004년까지 경기도 3선 도의원으로 활동한 정치경력도 있다. 1998년 당시 성남시에 외국인주민지원센터를 건립하자고 제안하고 경기도 도비 40억 원까지 끌어오는 데도 당시 도의원이었던 이상락 이사장의 역할이 컸다.

성남시는 어느 지역보다 가장 먼저 외국인 이주민에 대해 관심을 가졌다. 그 배경에는 주민교회(담임목사 이해학)의 활동을 빼놓을 수 없다. 1994년 주민교회는 이주민을 위한 센터를 만들고 쉼터를 운영하기 시작했다. 주민교회 이해학 목사가 교회 공간을 내주고 당시 전도사였던 김해성 목사가 소장으로 활동하며 중국동포, 외국인 상담사역을 맡았다. '중국동포의 집', '외국인 노동자의 집' 간판도 주민교회에 처음 걸었다.

1973년 설립된 주민교회는 성남을 대표하는 민중교회로 자리매김해온 역사를 담은 『주민교회 50년사』를 2023년 3월 1일 발간했다. 책에는 다음과 같은 소개 내용이 있다.

성남주민교회의 설립 초창기 모습과
이해학 목사

"1990년대 국내에 외국인 이주노동자가 늘어나자 주민교회 이해학 목사는 산자교회(김해성 목사)와 함께 외국인노동자센터를 운영한다. 이후 이 조직은 2000년에 김해성 목사를 중심으로 지구촌사랑나눔 법인을 설립해 서울로 주요 조직이 이동하고, 주민교회는 외국인성남센터로 남는다. 주민교회는 성남이주민센터를 운영하다가 2013년부터는 성남시가 설립한 성남시 외국인주민복지지원센터를 위탁받아 운영하고 있다."

성남 수진동이 중국동포타운으로

수진동은 성남의 중심지역이다. 성남시청이 있던 곳이고, 현재는 그 자리에 성남시의료원이 들어서 있다. 그리고 바로 맞은편에 주민교회가 있는데, 현재는 새로 건물을 지어서 옛 흔적을 찾아볼 수 없다. 지금은 중국동포들이 많이 거주하는 중국동포타운으로 변모해 있는 수진동은 어떤 곳이었을까? 이상락 이사장의 말을 들어보았다.

"수진동은 서울 청계천 이주민 정착촌이 첫 시작이었다. 태평동, 수진동, 신흥동, 단계동 이 일대가 다 야산 지대였다. 평지를 만들어서 사람들을 입주시킨 게 아니고 나무만 잘라내고 그냥 선만 그어놓고 '당신네가 알아서 살아라' 이렇게 해놓다 보니까 주민들이 살 수가 없었다. 비닐하우스 내지는 루핑 이런 것 사다가 임시 거처할 곳만 만들어놓고 잠을 잤다. 인근에 공장도 없고 일거리도 없고 아무것도 없을 때였다.
주로 노동일을 하는 남자들은 기존에 있던 서울 지역으로 다시 가서

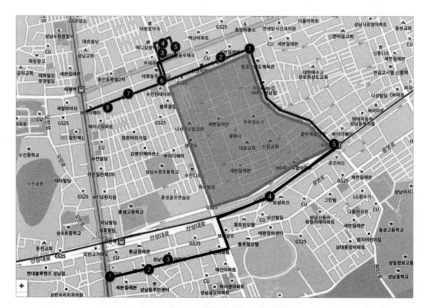

성남 수진동 중국동포 집거 지역 탐방 루트

출처: 코리안리서치센터

일하거나 아니면 다른 지방으로 가서 일하거나 그렇게 하다가 돈 좀 벌면 다른 곳으로 간 거다. 가족들과 함께 생계수단으로 해서 들어왔지만, 도저히 살 수가 없었다. '여기서는 마누라 없이는 살아도 장화 없이는 못 산다'는 말이 나돌 정도였다.

비만 오면 온통 다 그냥 진 땅이 되어 걸어 다닐 수가 없었다. 경제적 수단은 서울에 있는데, 여기서 서울까지 나가려면 차도 많지 않고 가는 시간 오는 시간 빼면 일할 시간이 얼마 되지도 않고 그냥 도저히 살 수가 없는 외진 곳이었다."

1971년 8월 10일 유명한 광주 대단지 사건이 발생했다. 주민 5만여 명이 정부의 무계획적인 도시정책과 졸속행정에 반발하여 일으킨 사건이다. 이후 1973년 성남시로 승격되고, 공단이 조성되면서 젊은 노동자가 많아지는 변화가 시작되었다.

"내가 1977년도에 들어왔을 때는 이미 상대원1공단, 아니 성남1공단과 2공단, 3공단까지 조성되어서 그나마 공장에 다니는 노동자가 꽤 많이 있을 때였다. 1990년대에 분당 신도시가 만들어지기 시작했고, 초창기는 어쨌든 거의 90% 이상이 일용노동자로 구성됐다."

이상락 이사장의 말이다. 그렇다면, 중국동포는 언제부터 수진동에 살기 시작했을까? 성남중국동포협회 장명자 회장은 2000년부터 이곳 수진동에 정착해 살아왔다고 한다. 서울 가락시장 식당에서 일하면서다. "방값이 싸고 교통이 편리한 것"이 정착 배경이라고 한다. 1996년 11월 지하철 8호선(잠실 모란)이 개통되면서 수진동은 교통이 편리한 곳이 되었다. 따라서 서울 강남지역에서 식당, 가사도우미 등으로 일한 중국동포들이 수진동에 주거지를 두고 많이 살기 시작한 것으로 파악된다. 이상락 이사장은 중국동포들이 수진동에 모여 살기 시작한 배경으로 주민교회의 지원 활동도 한몫했다고 설명한다.

"어떤 중국동포 노동자 한 명이 공장에서 일하다가 팔이 절단되는 사고를 당했다. 어디 호소할 데가 없으니까 성남주민교회를 한번 가보라 하는 말을 어디서 듣고 찾아온 것이다. 이 사람을 처음 대한 게 김해성 목사였고 적극적으로 도와 치료비, 보상금도 받게 해준 첫 번째 사례가 됐다. 이 소식이 많은 외국인 노동자한테 입소문을 타고 알려지기 시작한 것이다. 그러니간 성남에 있는 노동자뿐만 아니라 전국에 있는 외국인 노동자가 성남으로 몰려오기 시작했다. 또 사망한 경우에는 시신을 수습해서 안장시켜주고 본국으로 보내주는 일, 이런 것까지 주민교회에서 다 했다. 이런 게 알려지니까 사람들이 몰려오기 시작한

지금도 성남에 위치한 주민교회 지하창고에는 화장은 했지만 불법체류자라는 이유로 납골당에
서 유골을 받아주지 않아 유골 60여구가 포장된 채 그대로 쌓여 있는 상태이다.

『사상21세기』 5호
(2001년 5월)

것이다."

주민교회는 50평 규모의 교회 한 층 공간을 외국인 노동자를 위한 쉼터
로 내주고 밥도 제공하고, 회장실, 샤워장 시설도 늘리고 국적별 외국인 노동
자 커뮤니티도 만들기 시작했다. 이 과정에서 기존 교인들의 반발도 있었던
것 같다. 이상락 이사장은 그 당시 상황을 들려준다.

"이해학 목사님은 교인들을 적극적으로 설득했죠. 교회가 이런 일
하지 않으면 누가 합니까? 이런 거 하라고 교회가 있는 겁니다. 우리는
절대 이런 사람들 못 내보냅니다. 그러니까 교인들이 결국은 항의하다
가 교회를 떠나는 상황도 일어났다."

수진동에 중국동포들이 많이 모여 살기 시작한 때는 1990년대 말부터
2000년 초로 파악된다. 이 무렵 중국동포 상업거리도 형성되기 시작했다. 장
명자 회장은 2014년 3월 성남중국동포협회를 설립해 봉사활동, 방범대 활동,

'이팔청춘' 예술단 활동 등을 펼쳐오고 있다. 이런 활동이 대외적으로 알려지면서 "(중국동포) 자녀들이 부모를 성남으로 모셔와 사는 일도 있다"고 말한다.

성남 수진동은 장기 거주하며 정착해 사는 중국동포들이 많다. 노후화된 주택단지를 허물고 아파트 단지로 재개발한다는 계획도 오래전부터 있었다. 일부는 이전에 따른 보상 절차도 밟고 있다. 따라서 수진동의 중국동포 상업거리가 언제까지 유지될지는 모르겠지만, 여전히 중국동포 유입이 늘어나고 있다.

2023년 8월 수진동 탐방길에서도 내국인이 운영해오던 상점을 중국동포가 인수해 중국상점으로 바뀌고, 중국동포 자영업자들이 늘어나고 있는 분위기를 읽을 수 있었다.

4

경기도의
다문화대안학교:
포천, 고양, 부천, 안산

신상록

2022년 7월 경기도교육청은 2022년 5월 등록을 신청한 69개 대안교육 기관을 대상으로 현장 실사를 거쳐 관련 법령과 고시에 따라 최종 43개 기관을 선정해 도교육청 누리집에 공고했다. 설립 역사와 성과를 감안하여 포천과 고양, 부천과 안산 다문화대안학교의 현황을 살펴본다.

포천 다문화국제학교

2005년 6월 외교부 선교회를 중심으로 설립된 다문화국제학교(교장 신상록)는 이주배경청소년의 교육과 이주민의 사회통합을 지원하기 위한 (사)함께하는다문화네트워크(법무부 제1호 비영리법인) 설립과 함께 시작되었다. 설립 계기는 우리나라도 다문화사회화가 진전되고 있음에 주목하고, 다문화가정이 안정되려면 자녀교육이 잘 이루어져야 한다는 생각에 선교회원들의 마음이 하나가 되면서부터다. 당시 선교회를 지도하던 신상록 목사가 학교 설립위원장을 맡아 경기도 포천시 송우리 박홍근홈패션 3층에서 시작하게 되었다. 위원장인 신 목사는 법인설립에 필요한 후원자 모집을 위해 박홍근홈패션 사장인 이선희 권사를 찾아갔다. 다문화학교 설립을 위한 후원을 요청하자 권사님 회사에도 외국인 근로자들이 많다면서 포천시 송우리에 있는 전 시장 3층을 무상으로 사용하도록 해주었다. 이로써 다문화센터·대안학교가 시작되었다.

2009년 3월 포천시 호국로 429번길 23로에 학교를 신축 이전하여 현재까지 운영하고 있다. 학교의 핵심가치는 '유무상통', '다양성 포용', '창의적 사고'이며, 온전한 사회인을 길러내는 것이 학교를 설립한 목표다. 초대 박영신, 제2대 이견호에 이어 제3대 교장을 맡은 신상록 목사는 상명대학교 대학원 이민통합전공 교수와 대통령 직속 국민통합위원 이주민과의동행특별위원회 위원, 국무총리 소속 외국인정책위원회 위원, 법무부 이민정책위원회 위원으로 활동하는 등 이민정책 전문가다.

포천 다문화국제학교는 경기도교육청에 등록된 대안학교이며, 위탁형(중·고등학교 학력 인정)과 예비형(학적 형성), 경기 한국어공유학교(KLS 랭귀지스쿨)다. 예비형은 본국에서 서류를 준비하지 못해 학적이 없는 학생들이 학적을 형성하여 공교육에 취학하도록 돕는 '경기도 지정 다문화 예비학교'다. 위탁학교는 공교육에 취학했으나 학교 적응과 언어소통의 어려움을 겪고 있는 학생들을 위탁받아 운영하는 학교다. 포천 경기 한국어공유학교는 2025년 4월부터 운영하고 있다. 덴마크의 교육자요 신학자인 그룬투비의 삼애운동(하나님 사랑, 나라 사랑[땅], 이웃사랑)의 정신으로 교육하는 대안학교다.

수업은 매일 오전 9시부터 오후 4시 30분까지 이루어지며, 교과목은 국어, 영어, 사회, 국사, 과학, 음악 등 보통교과와 한국어, 요리, 태권도, 컴퓨터, 미술, 체험학습, 진로교육, 노작 활동 및 상담으로 학생들이 안정적으로 학교

생활을 할 수 있도록 지원한다. 특히 학교는 도심 속의 시골 생활을 경험할 수 있는 자연환경(사과와 복숭아 농장)을 갖추고 있어 교사들과 학생들이 고구마, 감자, 고추, 버섯 재배 등 노작 활동에 참여하고 있다. 또한, 한국어와 사회문화이해 교육, 학교와 사회적응 지원에 큰 비중을 두고 있다.

학교의 교육 철학 및 비전인 3대 핵심가치를 실제 생활에 적용할 수 있도록 가르치고 있다. 첫째 유무상통(마음의 소통으로 있는 것과 없는 것을 서로 융통함), 둘째 다양성 포용(배경이 다른 사람을 존중하고 배려하려는 태도), 셋째 창의적 사고(새롭고 가치 있는 결과물을 만들어내는 능력)다.

포천 다문화국제학교는 매년 5월과 10월에 다양한 주제로 다문화교육 포럼을 개최해왔다[1회: 다문화가정 자녀교육 어떻게 할 것인가?, 2회: 중도입국 청소년의 교육인권과 정책적 대안, 3회: 글로컬 다문화교육의 대안 모색, 4회: 다문화교육 모델개발과 적용, 5회: 미래를 여는 사회통합교육 시행 10년 성과와 과제, 6회: 다문화교육의 새 지평 "다양성 포용과 세계시민교육", 7회: 이주배경청소년을 위한 대안교육의 새로운 방향, 8회: 인구감소지역의 정책 실태와 활성화방안(공동주: 포천시·최춘식 의원실, 주관: 다문화국제학교)].

또한, 학교는 자조·자립 교육으로 노작 활동, 제과제빵, 바리스타, 컴퓨터, 태권도, 악기 등을 교육해왔으며, 매년 12월 하모니데이(성탄절)에는 학생,

정문에서 바라본 포천 다문화국제학교 전경

학부모, 후원자들이 모여 감사하고 축하하는 행사를 가졌다. 학교는 경기북부 포천에 있지만, 본인이 원하면 경기도 전역에서 입학할 수 있다.

학교
운영위원회

교실 수업

태권도
동아리 활동

고양시 다문화대안학교

경기도 고양시는 '햇볕이 따스한 고을'이라는 뜻을 가진 대표적인 서울의 위성도시로 인구 100만 명이 거주하는 경기북부 지역의 최대도시다. 고양시 다문화대안학교(교장 김세영 목사)는 2013년 개교했다. 학교장 김세영 목사는 명지대학교 대학원에서 사회복지학 박사과정을 마치고, 예원예술대학교 교수, 경기 제7거점 사회통합프로그램 운영기관장 등 이주민 사역 전문가다. 고양시 다문화대안학교는 청소년기에 국내로 이주하여 취학한 학생들의 학교생활과 적응을 돕기 위해 원적 학교에서 위탁한 학생들을 위한 대안교육기관이다.

또, 예비학교는 학적이 없으나 공교육에 취학하기를 원하는 이주배경청소년을 교육하여 학적을 회복시키는 역할을 하고 있다. 김세영 교장은 "이주배경청소년의 개인적 특성에 맞는 다양한 교육을 시행하여 학생들과 그 가정의 안정적 정착을 도와 사회에 통합되도록 지원하는 것을 설립 목적으로 제시하고, 이를 위해 한국어교육과 진로교육에 중점을 두고 학교생활 및 학업 중단을 예방하는 상담프로그램을 운영하고 있다"고 강조했다.

학교의 운영 방향 및 비전은 첫째, 다문화 학생 맞춤형 교육지원 강화, 둘째, 다문화 교육기회 보장, 셋째, 다문화 친환경 학교 조성이다. 학교는 시·도 교육청 및 다문화 관련 기관과의 협력을 통해 학생들의 이중언어 및 세계시민교육을 강화하고 있다. 넷째로 원적 학교의 비다문화학생들과의 연계프로그램도 시행하고 있다.

학교 운영 방안 및 비전을 정리하면 아래와 같다.

01 교육기회 보장	02 학교 적응 지원	03 역량강화
• 출발선 평등을 위한 교육기회 보장 • 공교육 진입지원 홍보 • 이주배경청소년 위탁교육	• 중도입국 청소년 한국어교육 • 원격콘텐츠 및 학습자료 공유 • 맞춤형 기초학습 지원 • 원적 학교 연계	• 이중언어 지원강화 • 대학생 멘토링 지원 연계 • 한국문화이해교육 • 세계시민교육
04 학교 환경 조성	05 진로, 정서 지원	06 협력기관 연계
• 학교 교원 다문화교육 • 지역사회 다문화교육 홍보 • 국적이 다른 학생들과의 조화 • 이중언어 도서 비치	• 진로교육 • 출입국 체류자격 교육 • 부모–자녀 정서 프로그램 지원 • 대학 진학 및 취업교육	• 지역사회 연계 • 지자체 연계 • 법무부/여성가족부 연계 • 공공기관 연계

아래는 교육프로그램 내용을 정리한 내용이다.

중도입국 사회통합 프로그램	이주배경청소년 대안교육	학교 밖 중도입국 청소년	이민/다문화가정 자녀
법무부 사회통합프로그램 영주권, 국적취득을 위한 교육기관 READ MORE >>>	고양시 다문화대안학교 경기도 교육청 위탁형 대안학교 READ MORE >>>	고양시 중도입국청소년센터 학교 밖 중도입국청소년 학교 READ MORE >>>	원당골목학교 다문화가정 자녀들의 학습과 이중언어 지원 READ MORE >>>
법무부 사회통합 프로그램	위탁형 대안교육	고양시중도입국 청소년센터	학습향상과 이중언어지원

개학식

캠페인 활동

부천새날학교

1973년 7월 부천군 소사읍이 부천시로 승격하고, 1975년 10월 북쪽의 오정면을 합친 부천시는 서울과 인천을 연결하고 있다. 부천시 거주 외국인은 4만 5천여 명이며, 중국인이 3만 6천여 명으로 가장 많다. 2010년 설립된 부천새날학교(교장 홍승협)는 한국으로 이주하는 노동자, 결혼이민자, 동포들과 지속해서 증가하고 있는 이주배경청소년에 대한 지원이 부족한 현실에 주목하고, 아이들의 안정적인 한국 정착을 돕기 위해 설립되었다. 부천새날학교의 형태는 경기도교육청에 등록된 대안학교이며, 위탁형교육도 하고 있다.

교장 홍승협 목사는 2급 정교사로 오랫동안 학생들의 교육을 위한 사설교육기관을 운영하던 중 이주배경 학생들을 교육하기 위해 부천새날학교를 시작했다.

다음은 홍승협 교장의 교육철학이다. "나로부터 시작하여 우리(사회)로 확대되는 학생들의 자기계발과 선한 영향 및 상생"에 목표와 의미를 두고 있다고 했다.

① 나(I): 학생 각 개인에게 초점을 맞추어 가치관을 정립하고, 가지고 있는 상처를 치유하고 자신의 미래에 대해 진로를 계획하며, 체험함으로써 국제적 지도자로 키우는 데 그 목적을 둔다.

② 너(YOU): 나 자신뿐만 아니라 상대방을 바라볼 수 있는 시선을 키운다. 그러기 위해 상대방에 대한 공감과 소통, 이해와 관용, 배려와 존중, 개성과 조화를 배울 수 있도록 돕는다.

③ 우리(WE): 나 자신을 키우고 상대방을 이해함으로써 함께할 때, 더 큰 일을 이룰 수 있음을 배운다. 나눔과 베풂, 희생과 봉사, 사랑과 실천, 집단지성을 통해 함께하는 사회, 어우러지는 사회를 배우는 데 그 목적을 둔다.

부천새날학교의 교육과정은 경기도교육청 지정 위탁대안학교의 교육과정에 따라 이주배경청소년(이주배경 중도입국 청소년, 다문화 청소년)을 대상으로 교육, 문화, 상담, 진로지도를 진행하고 있으며, '학교 밖' 학생과 '학교 안' 학생(학적 보유)으로 대상을 구분하고 그에 맞는 교육과정을 진행하고 있다.

먼저 학교 밖 학생들에게는 ① 한국어교육(수준별로 총 3개 반 운영)과 ② 인성, 적성, 진로교육(오전에는 커피바리스타, 제과제빵, 미용, 음악, 미술, 체육, 목공 공예, 미디어, 인생나눔 멘토링, 생활한국어, 생활문화 적응 수업 등. 오후에는 직업체험활동, 예체능 교육, 인성교육, 생활문화적응 등의 수업을 진행한다. 한국어가 서툰 학생들에게 이론 중심의 수업은 아주 힘들 수 있기에 실습 중심으로 수업 진행)을 진행한다. 학적을 가진 위탁생인 학교 안 학생들에게는 ① 보통교과 수업(국어, 영어, 수학, 사회, 과학, 한국사)과 ② 대안교과 수업(한국어, 한국어와 독서논술, 커피바리스타, 제과제빵, 미술, 음악 등)을 진행한다.

부천새날학교는 심리·정서 지원에도 힘쓰고 있다. 새날학교에 재학 중인 학생들은 사춘기의 혼란을 겪고 있어 심리적·정서적 안정이 필요하다. 홍승협 교장은 학생들에게 심리 사회적응검사를 시행하고 부천시상담복지센터를 통해 검사 결과를 분석하여 상담이 필요한 친구들을 중심으로 면담을 통해 상담 시행 여부를 확인하고 상담을 진행한다. 또한, 한국 사회 적응에 도움이 필요한 경우 멘토링 제도를 통해 돕고 있으며, 부천시상담복지센터 통역사 선생님이나 상담교육을 받은 이중언어가 가능한 선생님을 통해 상담

부천새날학교

체험학습

을 지원하고 있다. 또한, 부천새날학교는 학생들의 재능개발과 진로체험에 각별한 관심을 기울이고 있다. 교육 공간은 교실(제1교실, 제2교실, 제3교실)과 미션홀(독서, 강당, 강의 등의 용도로 사용), 실습실(커피바리스타와 제과제빵 등의 실습 교육)과 상담실, 교무실로 구성되어 있다.

안산 꿈빛학교 · 꿈다리학교

한국에서 외국인이 가장 많은 도시는 안산이다. 그래서인지 외국인 관련 연구자들이 가장 많이 찾는 곳이 되었고, 시흥시와 안산시는 경기도 국제교육특구로 지정받은 곳이기도 하다. 인신에 외국인이 많이 거주하는 이유는 수도권이면서 인근 시화 및 반월국가산업단지 등에 일자리가 많고, 이로 인해 일찍부터 외국인 밀집 거주지가 형성됐기 때문이다. 그래서 다문화가정 자녀들이 많고 아이들의 교육을 위해 설립된 꿈빛학교 · 꿈다리학교(교장 이승미)는 이주민 자녀들의 교육기관으로 잘 알려진 대안학교다.

학교는 2016년 안산시와 한양대학교 ERICA 산학협력단의 지원을 받아 설립되었다. 학교장인 이승미 박사는 교육심리학을 전공한 심리학박사로 한양대학교 ERICA 글로벌다문화연구원 연구위원 및 유네스코 아태국제이해교육원 교사연수/연구개발팀장을 역임한 베테랑 교육 전문가다.

학교는 안산시 글로벌청소년센터 내에 있으며, 경기도교육청 지정 위탁형 대안학교다. 국내에서 이주민이 가장 많이 거주하는 안산시답게 이주민 교육 인프라가 잘 갖춰져 있다. 우선 건물 외관부터 체육관, 컴퓨터실, 상담실 등 대안교육기관으로서의 교육적 역량을 발휘할 수 있는 하드웨어와 소프트웨어를 충분히 갖추고 있다.

학교 설립 목적은 모든 청소년이 차별 없이 교육받고, 보호받으며, 건강하게 성장하는 사회인 양성이며, 이를 위한 목표 및 비전은 공교육 적응능력을 강화하여 공교육 이탈 예방과 학생 개개인의 강점을 발견하고 진로를 개발하여 한국 사회의 미래역량으로 성장시키는 것이다.

교육과정은 한국어교육 강화, 보통교과(국어, 영어, 수학, 통합과학, 통합사회, 한국사)와 대안교과(음악, 미술, 대인관계, 진로 등), 한국어능력 부족으로 인한 ① 학습의 어려움, ② 교우관계의 어려움, ③ 심리·정서적 부적응으로 학교생활에 적응하기 어려운 이주배경청소년이 공부할 수 있도록 편성되어 있다. 창의적 체험활동과 인간관계 훈련, 한국어와 음악, 체육, 미술 등 학생들의 재능개발과 진로교육, 특히 디지털 성범죄 교육, 흡연, 음주 예방 교육, 7대 안전교육 등에 힘쓰고 있다.

안산시글로벌청소년센터

꿈다리학교 상담실

5

외국인 교민회 활동이
활발한
수원

이종순

외국인 교민회의 결성과 활동

수원은 인근 안산이나 화성과 다르게 큰 공단이 없는 도시지역이라 비전문취업(E-9) 근로자보다는 방문취업(H-2) 동포가 압도적으로 많은 특성이 있다. 그런 이유로 거주 외국인 중 한족과 중국동포가 80% 이상이다. 그런가 하면 수원은 교통의 요지여서 수원역을 중심으로 전철이나 버스로 왕래하기 편리하고, 수원역 맞은편 매산시장 부근에 다문화푸드랜드가 있어서 모임을 하기에 아주 편리하다. 그래서 일찍부터 나라별로 수원에서 모이는 것이 자연스러웠다.

2002년 중국교민회를 시작으로 나라별 교민회가 결성되기 시작했다. 2003년 필리핀, 2004년 몽골, 2007년 러시아에 이어, 2008년에는 베트남·태국·캄보디아·방글라데시·일본 교민회가 결성되었다. 이어서 인도네시아, 중국귀한동포, 네팔, 인도, 키르키스스탄 교민회가 결성되어 13개국 14개 교민회가 활발하게 활동되고 있었다.

그런데 코로나19 시기를 거치면서 키르기스스탄으로 귀국한 회원들이 많아지면서 키르키즈스탄교민회 활동이 약해져 재수원교민회에서 빠지고, 2022년 미얀마교민회가 새롭게 추가되어 열심히 활동하고 있다. 처음에는 각 교민회가 자체적으로 활동해왔는데, 2009년부터 수원시에서 관심을 가지고 별도 예산을 마련하여 수원시외국인복지센터를 중심으로 재수원교민회를 결성하고 그 활동을 격려하기 시작했다. 이후 교민회별로 각종 봉사활동과 절기 모임, 특히 다문화한가족축제 때 적극적으로 참여해 회원 간 친목 도모뿐 아니라 다문화 인식개선 활동에도 앞장서고 있다.

고국의 명절 행사 진행

몸은 고국을 떠나왔지만, 고국의 명절이 되면 더욱더 고향이 그리워지기 마련이다. 그래서 교민회별로 모여 고향의 명절 행사를 진행하기도 한다. 비록 주변환경과 준비물 등에서 완벽할 수는 없지만, 함께 모여 고향의 명절 행사를 진행함으로써 잠시나마 고향 떠난 시름을 잊고 친구들과 즐겁게 지내는 것을 볼 수 있다. 방글라데시교민회에서는 전통명절인 바이샥(설날)을 맞아 교민회원들이 한자리에 모여 고국 음식을 나누며 설날을 축하하는 시간을 보냈다. 캄보디아교민회에서도 전통명절인 쫄츠남(설날)을 맞아 교민회원이 한자리에 모여 축구 경기를 하고 경기가 끝나고 진행된 바비큐 파티를 통해 고향과 가족에 대한 그리움을 서로 나누고 위로하는 뜻깊은 시간을 보내기도 했다.

방글라데시교민회의 바이샥 설날 행사

캄보디아교민회의
쫄츠남(설날) 행사

전국적인 규모로 열리는 인도교민회 명절 행사

전통명절을 맞아 인도교민회에서는 빛의 축제 '디 왈리'(2021.11.6. 18~
21시)를 진행했다. 비대면 온라인으로 진행된 이 행사는 인도교민회원들이 스
튜디오를 직접 꾸미고 공연과 프로그램을 기획, 영상을 제작하여 송출하는

온라인으로 진행한
인도교민회 빛의 축제
'디 왈리'

형식으로 코로나19 상황에 맞춰 각자의 재능을 활용하는 계기가 되었다. 전
국의 300명 이상의 교민들이 참여하여 함께 명절을 축하하고 즐겼다.

또한, 10월 전통축제 행사로 '단디야라스(Dandiya Rass)' 페스티벌과 '닝
골차쿠바' 축제 행사가 진행되었다. '단디야라스'는 인도 전통무용으로 매년
9월 말에서 10월 초 사이에 열리는 힌두교 축제인 나바라트리(Navaratri)에서
널리 공연되는 전통무용이다. 인도교민회에서도 나바라트리 축제를 기념하
여 2022년 10월 2일 강남체육회관에서 '단디야라스 댄스 페스티벌'을 개최
하여 교민회원과 가족 219명이 참여하여 축제를 즐기고 전통문화를 기리는
시간을 가졌다. 또한, 2022년 10월 22일부터 23일 1박 2일 일정으로 전주 모
악산 펜션하우스에서 교민회원과 가족 45명이 참여한 가운데 '닝골차쿠바'
행사를 진행했다. '닝골차쿠바' 축제는 인도에서 매년 10~11월 사이에 가족
간 사랑의 유대감을 강화하기 위해 개최되는 축제로 인도교민회에서도 가족
이 함께 레크리에이션과 범퍼하우지 게임을 즐기고 '타발총바' 전통문화 댄
스를 추며 가족의 소중함을 느끼고 사랑을 전하는 시간을 보냈다.

'단디야라스' 댄스 페스티벌

'닝골차쿠바' 행사

제50회 수원화성문화제에 참여한 재수원교민회

2013년 제50회 수원화성문화제(9.27~10.1)가 5일간 수원화성행궁광장과 수원천, 화성시 일대에서 진행되었는데, 9월 28일(토) 진행된 시민 퍼레이드에 재수원교민회가 참여하게 되었다. 네팔·방글라데시·베트남교민회 회

제50회 수원화성문화제에 참여한 재수원 외국인 교민회

원 등 총 105명이 다문화 인식개선을 위한 만장기를 선두로 네팔교민회의 마들(북)·피리 연주와 방글라데시의 만국기 행진, 베트남의 추석놀이인 사자춤과 소수민족 패션쇼, 전통혼례식 퍼포먼스가 이어졌다. 다양한 문화를 소개하고 수원시민과 외국인이 함께 어우러지는 즐거운 소통의 시간이 되었다.

지역사회와 함께하는 중국교민회

중국교민회는 수원지역에서 교민회가 제일 먼저 결성되고 거주 외국인 중 인구가 압도적으로 많다. 그러나 2012년 발생한 끔찍한 사건으로 인해 시민의 인식이 좋지 않아 중국교민회 회원들은 시민을 향해 적극적으로 다가가려고 노력하고 있다. 어려운 복지시설 등을 찾아 봉사하는 일도 있고 주기적으로 수원역 로데오거리, 수원천변 등에서 환경정화 활동을 하는 것과 수

야간순찰 활동

환경정화 활동

원의 외사 치안 안전구역을 중심으로 야간순찰 활동을 한다. 환경정화 활동은 매월 1회 진행하며, 야간순찰 활동은 매월 2회 목요일 저녁에 관할 경찰서와 함께 진행하고 있다.

베트남교민회의 추석 행사

베트남교민회의 추석 행사는 한국에서 자란 베트남 가정 아이들이 함께 참여하여 베트남의 '어린이날'이라고 불리는 뗏쭝투(추석)에 대해 알아보고 한국 민속놀이인 윷놀이, 강강술래, 제기차기와 함께 베트남 민속놀이 떱봉, 캐오코, 나이두이, 매도이조, 등불들기와 사자춤 추기 등으로 진행한다. 민속놀이 체험 후에는 베트남의 추석 때 먹는 빵과 다양한 베트남 음식을 나눠 먹으며 교제를 나누기도 한다. 추석 행사를 통해 한국에서 생활하고 있는 베트남 이주민은 고국에 대한 향수를 달래면서 어릴 적 친구들과 함께했던 추억을 되살리며 교제를 나눈다. 또한, 한·베 가족 아이들은 엄마 나라의 문화를 알고 체험해볼 기회를 갖는다.

교민회별 활성화를 위한 각종 행사 진행

재수원 14개 교민회는 활성화를 위해 여러 가지 행사를 진행한다. 상반기에는 주로 신입회원 환영을 위한 나들이나 체육대회, 여름에는 휴가철을

베트남교민회의 추석 행사

이용하여 해수욕장이나 계곡으로 여행을 떠나기도 한다. 겨울에는 한국문화 체험으로 산천어축제에 참여하기도 하고, 송년 모임을 하기도 한다. 모임을 통해 회원 간 친목을 다지고 회원에게 어려운 일이 발생할 때면 모두가 합심하여 어려움을 극복한다. 이 땅에서 이방인으로 살면서 서로 합력하여 잘 적응하며 모두가 행복한 사회를 만들어가는 주체가 되길 소망하며 응원한다.

재수원교민회의 다양한 연례행사

6

이주민이
빠르게 늘고 있는 청년도시
시흥

김용필

시흥시는 시화국가산업단지가 있는 곳으로 정왕동을 중심으로 비교적 젊은 중국동포들이 많이 몰려들기 시작해 현재는 3만 5천여 이주민이 거주하는 도시다.

2023년 6월 기준 경기도 시흥시에 거주하는 등록외국인 수는 3만 5,255명(외국국적동포 거소신고자 2만 6,600명)으로 이는 경기도권에서 안산시, 수원시, 화성시 다음으로 많은 수치다. 특히 지하철 4호선 신길온천역과 정왕역이 이어지는 구간, 서해와 면해 있는 정왕동에 이주민이 3만 명 가까이 거주하는데 중국 국적자가 80% 정도 차지해 대단위 중국동포 상권을 형성하고 있다. 정왕동은 1980년대 후반부터 시화공업단지가 조성되면서 배후지로서 다세대주택가가 들어서고 상권이 형성되면서 인구가 증가해 1999년 정왕1·2동으로 나누어졌다. 2002년에는 정왕1·2·3·4동으로 나누어졌고, 2003년에 정왕1동이 정왕1동과 정왕본동으로 분리되었다.

정왕동은 초기에는 내국인 공장노동자를 대상으로 한 술집과 오락시설

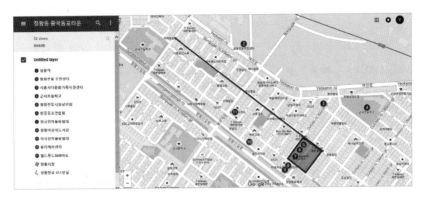

시흥 정왕동 중국동포타운(굵은 선 부분이 중심거리)

이 많았던 소비지역이었다. 이런 곳이 2010년 이후부터 중국동포와 외국인 노동자가 많아지면서 양꼬치, 훠궈(샤브샤브) 등 중국식당과 여행사, PC방 등이 들어서며 지역의 판도를 바꾸어놓았다.

정왕동, 청년 노동자와 소상공 이주민 도시

이런 변화의 배경에는 2007년부터 시행된 방문취업(H-2) 체류자격 제도로 중국동포들이 많이 들어오기 시작하고 2010년경부터 공장노동자로 2년간 성실 근무하면 재외동포(F-4) 체류자격을 부여해주는 정책과 맞물려 있다.

특별히 시흥시에는 젊은 층의 중국동포들이 많이 들어왔다고 한다. 이는 서울 서남권의 가리봉동과 대림동, 경기 안산시 원곡동 지역이 2000년 초부터 집거지를 이루며 상권을 이루어왔기 때문에 포화상태에 이르렀고, 30~40대의 중국동포 식당 등 예비 창업자들이 정왕동으로 모여들었기 때문이다. 젊은 소체류자격층이 많은 곳이어서 대림동이나 원곡동과는 사뭇 다른 분위기를 느끼게 된다.

또한, 정왕동은 고속도로 진입로가 가까워 자가용 소지자에게 편리함을 준 것도 한 요인으로 꼽힌다. 주차난을 겪는 서울 대림동이나 안산 원곡동 지역을 벗어나 정왕동으로 이주해온 중국동포들이 많았다는 이야기다. 그러나 이미 정왕본동과 정왕1동 역시 자동차 포화상태로 외지인이 주차할 곳을 찾지 못할 정도로 심각한 주차난을 겪고 있다.

2016년에는 중국동포 청년들이 주축이 되어 모임을 결성하고, 2022년 9월에는 제1회 시흥시 중국동포체육대회를 개최하기도 했다. 20대에서 40대로 구성된 중국동포 400여 명이 가족과 함께 즐길 수 있는 유쾌한 체육대회를 개최한 것이다. 그리고 2019년부터는 중국동포 축구단 모임도 매주 일요일 정왕동 체육공원에서 갖고 있다.

시흥시, 외국인 주민 거주 전국 4위

2022년 4월 시흥시는 외국인주민과를 신설했다. 근무자는 13명으로 다문화가족과 외국인 주민 지원사업을 펼치고 있다.

시흥시는 2021년 전국다문화도시협의회 회장도시가 되어 선도적인 다문화 정책을 추진했다. 다문화정책팀을 신설하여 다문화정책관과 중국·베트남 출신의 공무원을 채용하기도 하고, 중국·베트남·몽골·필리핀 등 8개국 출신 10명을 다문화·외국인주민협의체 위원으로 위촉해 정기회의와 포럼, 워크숍 등을 운영하고 정책 개발 과정에 참여시켜 '다문화 시흥'을 만들어가는 데 중심적인 역할을 했다.

'다(多)가치 누리는 미래 행복 시흥'을 슬로건으로 내세워 2022년 6.1 지방선거에서 재선에 성공한 임병택 시흥시장은 지방선거 전 3월 "우리 시 전체 인구 규모의 10%에 이르는 다문화가정 등 외국인 주민들이 겪는 어려움을 더욱 적극적으로 해소하기 위한 노력을 아끼지 않겠다"는 강한 의지를 보였다. 외국인 주민의 지위 향상과 지원 방안을 강화한 「시흥시 외국인 주민 및 다문화가족 지원 조례」 개정안에 대한 견해를 밝히면서다(시흥타임즈, 2022.3.9).

시흥시는 2022년 4월 조례안 개정으로 다문화정책팀에서 외국인주민과로 확대하고 질병, 재해, 사고 등의 이유로 위기상황에 처한 외국인 주민에게도 의료비와 생계비를 지원하는 긴급지원사업을 시행했다. 생계비는 4인 가구 최대 162만 원, 해산비는 1인당 최대 50만 원, 장제비는 1인당 최대 100만 원이다. 그리고 관내 다문화가족, 외국인 주민 지원기관의 활동을 지원하고 있다.

다(多)가치 유스센터는 외국인 주민 자녀의 공교육 적응지원, 이주배경 청소년의 안성적 정착과 학력 유지를 위한 한국어교육, 진로 및 상담, 보통 및 대안교과 수업 등을 지원한다.

시흥시 가족센터는 다문화가족의 안정적인 지역사회 정착 및 가족생활을 지원하고자 한국어교육, 결혼이민자 통·번역 서비스, 상담 및 사례관리, 결혼이민자 취업교육, 다문화가족 방문교육 등 다양한 서비스를 제공하고 있다.

경기도의 지원을 받는 시흥시 외국인주민복지센터는 외국인 주민의 인권보호 및 다양한 문화체험·교육 기회를 제공하고자 외국인 주민 한국어교육, 직업능력개발교육, 문화체육활동 지원, 한국문화체험 지원, 외국인 주민 상담지원사업 등 다양한 서비스를 제공하고 있다. 외국인 주민 민원콜센터(1660-1472)는 중국어, 베트남어, 우즈벡어 등 7개국 8명의 상담원을 배치해 행정업무절차 민원접수, 지역생활정보, 업무별 민원 연결을 도와준다.

시흥시 다문화이주민플러스센터는 외국인등록, 각종 체류 허가, 각종 신고접수, 증명발급 등 민원서비스(법무부), 고용허가제 관련 민원서비스(고용노동부)를 통합 제공한다.

시흥시에서는 독특한 프로그램으로 '밍글팜'이라는 곳이 있다. 이는 외국인 주민 공동체 도시농업 체험장이다. 2022년부터 외국인주민복지센터는 정왕동에 있는 축구장 크기의 텃밭 '밍글팜'에서 중국, 베트남, 필리핀, 태국, 캄보디아 등 5개국 이주민공동체와 함께 자국의 채소도 심어 가꾸고 11월에는 김장나눔잔치도 펼친다. 밍글팜은 영어로 'mingle farm'으로 '섞이다', '어우러지다'라는 의미를 담고 있는 농장이다.

역할 커지는 정왕본동 주민자치회 '글로벌분과'

정왕동은 면적 35.06km²로 시 전체 면적의 4분의 1 이상을 차지한다. 면적의 약 15%가 시가지이고 나머지 85%는 공단 지역으로 중국동포 등 외국인이 많이 거주하는 곳은 정왕본동과 정왕1동으로 각각 1만 1천 명이 넘는 등록외국인이 거주하고 있다.

시흥시는 2022년 10월부터 각 동의 주민자치위원회를 주민자치회로 전환해 지역민의 참여를 높이고 있다. 주민자치위원회는 동장이 임명한 위원으로 구성되지만, 주민자치회는 시장이 임명한다. 그만큼 지역주민의 역할이 커졌음을 의미한다. 그 가운데 정왕본동 주민자치회의 경우 30명의 위원이 참여하고 기획예산분과, 복지환경분과, 교육문화분과, 글로벌분과의 4개 분과로 구성되어있다. 분과마다 외국인 이주민이 위원으로 참여하고 있다. 특별히 관심을 끄는 것은 글로벌분과다. 분과장을 중국동포 출신 이주민, 오성호가 맡고 있으면서 5명의 원주민 위원과 함께 외국인 주민이 많이 사는 정왕본동의 특성을 고려한 지역행정과 활동을 펼치고 있다. 글로벌분과는 주민자치센터 프로그램으로 한국어학당을 운영해 외국인 주민의 한국어교육을 지원하고 중국어교실, 중국문화이해와 교류 차원에서 '치파오' 문화교육 프

2022년 10월 26일 정왕본동 주민자치회 출범식

로그램도 진행하고 있다.

또한, 정왕본동에서는 상인회를 중심으로 지역민과 함께 하는 다문화 행사, 그리고 정왕본동을 대외적으로 알릴 수 있는 상징적인 지역문화축제를 펼쳐야 한다는 바람도 커지고 있다. 이런 분위기에 따라 주민자치회 글로벌 분과의 역할이 커지고 있다.

정왕본동 주민자치회 글로벌분과장 오성호 인터뷰(2023년 7월)

시흥시 정왕본동 글로벌분과장을 맡은 오성호 씨(52)는 중국 심양 출신 이다. 중국에서 요리사로 일하다가 부모님이 국적을 회복해 한국에 오게 되 었다. 2006년 정왕본동 중앙시장 하모니마트 135번지에 핸드폰판매점을 열 고 지금까지 운영해오고 있다. 2012년 외국인자율방범대를 구성해 활동을 시작했고, 2015년경부터 정왕본동 주민자치위원 활동, 법무부 법사랑 회원

활동, 검찰시민위원 등의 활동을 하며 각 기관과 지역주민, 이주민 사이의 가교 역할을 해오고 있다.

△ 시흥시에 거주하는 중국동포와 외국인은 정확히 어느 곳에 많이 사는가?

"시흥시에는 18개의 법정동이 있다. 시흥시에는 3만 5천 명의 외국인이 거주하고 있다고 하는데 중국동포가 70~80% 정도 차지할 것으로 본다. 정왕본동, 정왕1동, 정왕2동에 집중적으로 거주하고 있고, 오이도에는 식당을 하는 분들이 더러 살며, 배곧신도시에는 아파트를 구매해 들어가 사는 동포들이 조금 있다."

△ 중국동포들이 정왕동에 많이 모이게 된 이유는?

"아무래도 시화공단, 반월공단이 있어 일자리가 많기 때문이 아니겠는가. 그리고 고속도로 진입이 수월해 차량을 소지하고 있는 사람들에겐 교통이 매우 편리한 곳이다."

△ 최근 중국동포 상권의 상황은 어떤가?

"공단이 잘 돌아가야 상권도 좋은데, 사실 공단이 잘 안 돌아간다. 공단에는 중소기업이 많다. 임대료가 높아서 그런지 화성 등 다른 지역으로 이주하는 공장들도 많다고 하고, 최저임금상승 등의 영향을 받아서 그런지 예전보다 사람들이 덜 붐빈다는 느낌을 받는다. 그러나 코로나19 이후 중국동포 등 유입인구가 늘고 있다."

△ 정왕동엔 젊은 동포들이 많다는 이야기를 종종 듣는다. 어떤가?

"비교적 젊은 층이 많은 곳이라 보는데, 최근에는 젊은 층의 신규 유입보다는 나이 드신 분들도 늘고 있는 것 같다. 그리고 중국인(한족) 유입이 늘어나고 있다는 것을 확실히 느끼게 되고, 베트남·파키스탄 등 동남아 이주민의 식당이 차츰 늘고 있다.”

△ 아이들도 늘어나고 있나?

"군서초등학교의 경우 학생 70%가 중국동포 자녀들이라 보면 된다. 지난 2년 동안은 동포 어르신들이 아침마다 교통안전 안내를 해주기도 했다.”

△ 주민자치회 글로벌분과에서 한국어학당을 개설한 배경은?

"정왕본동에는 시흥시 가족센터(다문화가족지원센터)가 있으면서 초창기부터 한국어교육을 해오고 있지만, 주 대상이 결혼이주민이고 인원

정왕본동 주민자치회 프로그램

제한도 있어 정왕본동에 새로 들어와 늘어나고 있는 외국인 주민의 한
국어교육 수요를 감당할 수 없는 상황이다. 그래서 주민자치회 글로벌
분과에서 제안해 주민자치센터 프로그램으로 한국어학당을 개설해 운
영하게 되었는데, 반응이 좋다.

한국어학당은 시작은 2개 반으로 맞췄는데 현재는 3개 반으로 운영
하고 있고, 90명 정도가 한국어교육을 받고 있다. 계속 접수하고 있는
데, 필요 인원이 늘어나면 반을 더 추가해 운영할 예정이다."

7

공자마을 '궐동'이 중국동포 집거지로 변한 오산

김용필

    오산시 인구는 2020년 12월 말 기준 23만 6,379명 중 외국인 주민은 9,696명(4.1%)으로 집계되고 있다. 오산시 인구는 향후 늘어날 것으로 전망하고 있는데, 세교신도시가 한창 건립 중이기 때문이다. 게다가 궐동에 중국동포 등 외국인 노동자 유입이 더 많아질 것으로 전망된다. 그 이유는 인근에 가장일반산업단지, 화성정남산업단지 등이 조성되어 외국인 노동자의 필요성이 증가하고 있기 때문이다.

    2005년 산업연수생으로 한국에 와서 2006년경부터 오산시에 거주하고 있다는 중국동포 최모 씨는 오산에 살면서 같은 고향에서 온 아내를 만나 2010년 결혼하여 아이 둘을 낳고 살고 있다. 최 씨는 100명 정도 규모의 중소기업 팀장으로 일하고 있고, 아내는 식당을 운영하고 있다. 재외동포 체류자격의 외국인 신분으로 한국 생활을 하면서 아이를 양육하며 산다는 것은 쉬운 일이 아니다. 어린이집 보육료 등 지원이 안 되기 때문에 경제적 부담이 만만치 않다. 그렇지만 학령기에 들어와서는 한국학교에 다니며 지역아동센터 지원 등이 잘되어 있어서 만족해하며 살고 있다고 말한다. 아이들은 한국인 정체성을 갖고 성장하고 있다.

오산시는 교육도시를 지향하고 있다. 그리고 2023년 5월 10일 세계인의 날을 앞두고 민원실에 외국인 담당 '통역 안내 요원'을 배치했다고 발표했다. 외국인 노동자, 국제결혼이민자 등 외국인의 민원 수요가 증가하고 다양해진 점을 고려한 조치라고 밝혔다.

궐동에 늘어나는 중국동포 집거지

오산시 궐동에 중국동포 상권이 빠른 속도로 형성되고 있어 관심을 끈다. 오산대학교 후면에 있는 궐동 빌라촌에 이주해 사는 중국동포들이 크게 증가하고 있기 때문이다. 중국동포 박모 씨는 "6, 7년 전만 해도 중국식당이 없던 곳인데 50%는 중국식당이 잡은 것 같다"며 "최근 몇 년간 어두웠는데 요즘 갑자기 되살아나고 있다"고 알려주었다.

오색시장 풍경(2023년 7월 16일)

오산시에서 중국동포들이 많이 사는 지역은 남촌동, 그리고 오산오색시장(구 오산중앙시장) 옆을 지나는 오산로(과거 오산과 수원을 이은 주도로)에 중국동포들이 운영하는 중국식품점과 식당, 핸드폰가게, 여행사 등 상권이 형성되어 있었다. 그런데 최근 들어 이곳에 태국, 베트남 등 동남아 출신 외국인 유입이 늘어나고 중국동포들은 궐동으로 많이 이주해가는 상황이라는 것이다.

오산 오색시장

오산오색시장은 전통 오일장으로 제법 규모가 큰 재래시장이다. 이 시장은 1792년(정조 16) 발간된 『화성궐리지』에 처음 등장했는데, 1914년부터 오산중앙시장으로 불리다가 2013년 오산오색시장으로 명칭을 변경했다. 2010년부터 이곳 시장에서 양꼬치점을 운영했다는 연길에서 온 중국동포 여성을 만나보았다. 지금은 남편과 함께 한국 국적으로 귀화해 시장상인회 활동에도 적극적으로 참여한다.

> "그 당시는 중국식품점 2개, 식당 서너 개 정도 있었죠. 지금은 그래도 중국동포들이 늘어나서 그런지 이곳 시장에만 중국상점이 10곳은 돼요."

양꼬치점은 처음에는 중국동포들이 주로 찾았으나 지금은 한국인이 절반 이상 된다고 한다. 최근 들어와서는 동남아 출신 외국인 손님도 늘어나고 있다고 하는데, 시장 내에도 태국, 베트남, 네팔 등 외국인의 모습이 예전보다 훨씬 많이 눈에 띄고, 국제결혼으로 온 이민자들이 운영하는 가게도 생기고 있다고 한다. 노래방, 호프집도 이주민이 운영하거나 점원으로 일하는 곳이 적지 않다고 귀띔해준다.

오산시 원동 상점가는 오산역과 종합버스터미널 앞에 위치해 있고, 오산오색시장(오산동)과 대로를 사이에 두고 있는 곳으로 오산시의 중심 상업거리였다. 하지만 오산시에도 아파트 단지가 들어서고 신시가지가 형성되면서 원동은 구시가지가 돼버렸다.

오산역 광장에서는 동남아 출신 외국인이 더 많이 눈에 띄었다. 원동 상점가도 초입부터 문을 닫은 점포가 눈에 띄었고, 텅 빈 상태에서 방치된 점포도 적지 않았다. 그 대신에 인도·네팔식당, 탕후루 중국식품점 등이 거리를 화려하게 만들어주고 있다.

오색시장 인근의 변화상만 봐오다가 궐동에 중국동포들이 많이 거주하고 상권을 형성해가고 있다는 사실을 듣고 궐동을 찾았다. 궐동은 공자를 기리는 사당인 궐리사가 생기면서 붙여진 이름이다. 궐리사는 공자의 후손인 조선 중기의 문신 공서린(1483~1541)이 후학을 가르치기 위해 설립했다고 한다. 공자의 고향 궐리에서 이름을 따왔다고 소개하고 있다. 즉, 궐동은 '공자의 마을'인 셈이다.

궐동은 행정구역으로 남촌동에 속해 있으며, 오산대학교 후면에 빌라촌을 이루고 있는 것이 특징이다. 그래서 2007년 LG전자 평택공장이 자체 기숙사를 건립하기 전까지만 해도 궐동에 위치한 빌라를 대량 임대해 직원 숙

중국상점이 많이 들어선 궐동 거리

소로 사용해 젊은 한국인 노동자가 많이 살던 곳이다.

　　하지만 2007년 이후 한국인 노동자가 기숙사로 이주하면서 궐동의 빌라촌은 공동화 현상이 일어났다. 장기간 텅 빈 거리가 되다시피 하면서 외지고 어두운 동네 이미지가 만들어졌다. 결국, 건물주들은 보증금 없이 방을 40만 원대로 선불을 받고 대여해주면서 중국동포 노동자가 서서히 들어오기 시작했고 2016년경부터는 양꼬치점, 샤브샤브점 등 중국식당, 식품점이 들어서면서 중국동포 상권이 형성되기 시작했다고 한다. 코로나19 상황으로 침체기를 맞다가 최근 들어 다시 활기를 찾는 모양새다.

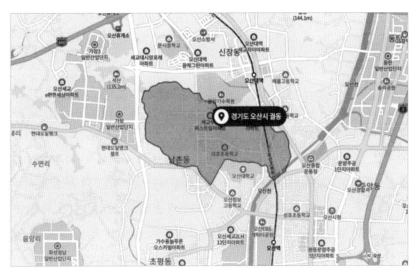

궐동 위치도(중국동포 상권이 형성된 곳 표시)

8

외국인 근로자
제1의 도시
화성

임영상

  2021년 행안부의 지방자치단체 외국인 주민 현황에 따르면, 화성시의 외국인 주민은 6만 2,542명으로 안산시 9만 4,941명, 수원시 6만 5,885명, 시흥시 6만 4,570명에 이어 4위다. 그러나 화성시는 2017년부터 사실상 외국인 근로자 전국 1위 도시가 되었다. 2015년에는 안산(3만 1,101명)이 화성(2만 5,977명)보다 많았으나, 2017년 마침내 화성(2만 5,552명)이 안산(2만 4,705명)을 넘어섰다. 코로나19로 전체 외국인 주민이 줄어든 상황이지만, 2021년 화성(2만 2,100명)과 안산(1만 7,344명)의 간격이 더 벌어졌다. 화성시의 외국인 주민 자녀 수도 아직 안산에 이어 2위이지만, 그 차이가 줄어들면서 가파르게 증가하고 있다. 2015년 안산(4,695명)의 외국인 주민 자녀가 화성(2,835명)보다 1,860명이나 많았으나, 2021년에는 화성(5,407명)이 크게 증가해 여전히 안산(5,980명)보다는 적으나 수원(5,284명)과 시흥(4,962명)을 앞질렀다.

  화성시에는 경기도가 지원하는 화성시외국인복지센터 외에 병점과 남양에서 활동하는 (사)더큰이웃아시아와 '아시아촌' 향남(발안)에서 활동하는 문화더함공간 '서로' 등이 외국인 주민이 살고 싶은 화성을 만드는 데 앞장서고 있다.

화성시외국인복지센터

2009년 건립된 화성시외국인복지센터는 2012년부터 (재)천주교까리따스수녀회 유지재단이 운영하고 있다. 이주민의 고충 해결을 도와주고, 인권보호와 공동체 활동, 한국 생활 적응에 필요한 한국어교육, 문화체험, 자기개발 프로그램 등을 진행하고 있다. 아래는 경기도와 화성시가 지원하는 외국인복지센터 지원사업이다.

해피트리(공동체 리더 활동)와 해피투게더(공동체 활동) 사업은 (사)더큰이웃아시아와 문화공간더함 '서로'에서도 이루어지고 있으며, 5월 세계인의 날 행사에는 3개 기관에 속한 외국인공동체가 함께 참여하고 있다. 지원사업 가

화성인 외국인복지센터 프로그램

프로그램	내용	운영안내
해피트리 (공동체 리더활동)	공동체 리더 회의 / 리더 워크숍	2~12월
해피투게더 (공동체 활동)	10개국 국가별 공동체 활동 지원. 방글라데시, 캄보디아, 미얀마, 베트남, 필리핀, 우즈베키스탄, 인도네시아, 몽골, 네팔, 스리랑카(지역사회 참여활동, 지역사회 교류활동, 공동체 단합활동, 문화체험 등)	2~12월
해피라이프 (스포츠동아리)	태권도 동아리 운영(소수 인원으로 운영 / 비대면 영상교육 운행 병행)	2~11월
해피스타트 (자기개발교육)	지게차 3t 미만, 자동차 정비, 운전면허, 바리스타, 치킨조리사, 컴퓨터, 제과제빵 교육 진행	2~11월

화성시외국인복지센터
해피스타트 사업

운데 외국인 근로자 기술교육으로 한국폴리텍대학 화성캠퍼스의 협조 아래 일요일 10주간 연속 진행된 자동차정비 교육, 해피스타트 사업이 눈에 띄었다. 외국인 근로자가 본국으로 돌아가서 혹은 한국에 정착할 때 도움이 될 수 있어서다.

　　　"마침내 2023년 5월부터 화성시가 0세부터 5세 외국인 자녀의 보
　　육료와 유아 학비를 전액 지원하기로 했다."

　　외국인 아동에 대한 보육료 지원은 2018년 경기도 안산시가 시작했는데, 화성시도 2023년 5월부터 보육료와 유치원 학비 전액을 지원하기로 한 것은 획기적인 일이다. 2023년 경기도가 전국광역지자체로서는 처음으로 0~5세 외국인 자녀 보육료(월 10만 원)를 지원하기 시작한 것도 의의가 있었으나, 우리나라도 비준한 국제법인 유엔아동권리협약에 따라 어린이는 신체적·정신적으로 발달단계에 있어 어른과는 달리 적절한 법적 보호를 포함한 특별한 보호와 배려가 필요했다. 코로나19 예방 백신을 한국인과 외국인을 구별하지 않고 제공했듯이, '영유아 돌봄'도 내국인과 외국인 가정의 차별 없이 지원되어야 했다. 이로써 한국에 정착하려는 외국인 주민 가정이 화성을

이주배경청소년
지원사업 종사자
워크숍

선호할 것은 자명해졌다. 화성이 일으킨 선한 바이러스가 한국 사회 전체로 퍼질 것이다.

2023년 6월 27~28일 '화성시 이주배경청소년 지원 지역자원 연계사업'을 수행하는 기관들이 양평에서 종사자 워크숍을 개최했다. 여성가족부 지원으로 개최한 워크숍에는 화성시 주무부서인 여성다문화과를 비롯해 화성시 외국인복지센터, 화성시학교밖청소년지원센터, 아시아다문화소통센터, 남양글로벌아시아센터, (사)올웨이즈, 온누리다문화평생교육원, 다올공동체센터 등 총 9개 기관 17명의 관계자와 종사자가 참가했다. 행사를 주관한 것은 아시아다문화소통센터와 남양글로벌아시아센터를 운영하는 (사)더큰이웃아시아였다.

더큰이웃아시아와 아시아 언니들 TV

2011년 4월 아시아다문화소통센터로 출발하여 2012년 9월 사단법인으로 전환한 센터는 2013년 3월부터 '아시아청소년학교'를 개강하고 방과후교

실을 시작했다. 그해 6월에는 '아시아문화놀이터'를 개강해 기타교실, 타악기
교실, 영상아카데미를 운영했다. 이어 2014년 2월에는 경기사회복지공동모
금회 지원으로 세계를 품을 아이들을 함께 키워나가는 마을교육공동체인 '차
오름공부방'을 개설했고, 2015년 3월에는 작은도서관 아삭에 독립 공간을 확
보했다.

2017년 2월 법인 명칭을 더큰이웃아시아(Big Family Asia)로 변경했는데, 코
로나19 발생 전인 2019년까지 학교·지역아동센터 등과 함께 매년 청소년 세
계시민축제를 개최했다. 2018년 9월에는 세계마을공작소·세계문화체험관
을 개소했고, 2020년 8월 고려인 집거지인 남양에 남양글로벌아시아센터를
개소하고 이어서 남양글로벌작은도서관 다모아도 개관했다.

더큰이웃아시아의 지역연대와 공동체 조직 사업도 중요한데, 지역연대
사업 중의 하나인 '아시아 언니들 TV' 유튜브 영상콘텐츠 제작을 들 수 있다.
코로나19로 인해 학교 등 외부 교육 활동이 전면 중단됨에 따라 온라인을 통
한 교육과 문화다양성을 확산하기 위해 만들어 보급한 온라인 다문화영상
콘텐츠다. 첫 방송은 2020년 5월 8일에 업로드했다.

화성에 정착한 결혼이주여성으로 이주민의 멘토가 될만한 자질과 능력

'더큰이웃아시아' 아시아문화소통센터를 방문한 한아찾 탐방팀과 '아시아 언니들 TV'
출연진들(왼쪽부터 이상기, 로리타, [황한화, 멜로니, 심소영, 야요이, 박주희: 앉아 있는 아시아
언니들 출연진], 이용근, 양지윤, 이현지, 윤정숙, 김홍록, 채예진)

을 갖춘 이주민 활동가들이 아시아 공동체의 구성원으로 생생한 삶의 이야기
와 전문적인 활동을 영상에 담고 있다. '아시아 언니들 TV' 채널에 들어가보
니 다양한 주제가 나와 있다. 그중에서도 28편이 제작된 「세계문화소풍」을 재
생해보니 재미와 지식을 모두 갖춘 세계시민교육 프로그램으로 손색이 없다.

화성시는 2001년 시 승격 당시 인구 21만, 예산 규모 2,500억 원의 작은
도시였지만 20년여 만에 인구 100만에 재정 규모 4조 원, 지역 내 총생산 전
국 1위, 재정자립도 전국 1위 도시가 되었다. 화성시의 발전은 기업 성장이
견인해왔다. 관내 삼성전자·기아차 등 대기업을 필두로 경기도 내 가장 많은
2만 7,607개의 기업이 자리하고 있다. 운영 중이거나 조성 중인 산업단지가
22개로 인구 유입과 기반시설 확충 등이 이뤄져 도시 성장의 주요한 역할을
해왔다.

일자리가 많아지면서 외국인의 유입도 늘어나 2017년부터 안산을 앞질
러 외국인 근로자 1위 도시가 되었다. 도농복합도시 화성에서는 곳곳마다 외
국인 근로자를 만날 수 있으나, 가장 밀집도가 높은 곳은 향남읍의 구도심인
발안이다. 발안은 1919년 3월 31일 발안장터 만세운동의 현장이다. 독립운동

만세교에서 본 3.1만세운동이 일어난
발안시장 거리

역사상 가장 치열했던 우정면 화수리 항쟁, 송산면 사강리의 3.1운동 그리고 향남읍 제암리 학살까지 … 지금 발안만세시장은 아시아 출신이 더불어 사는 '아시아시장'이 되었다.

다시 가고 싶은 발안 문화더함공간 '서로'

향남읍 평리 발안만세시장 주변을 걷다 보면, '아! 이곳은 아시아 거리구나'라는 느낌을 받는다. 중국은 말할 것도 없고 베트남, 우즈베키스탄, 미얀마 등 아시아 각국의 상점들을 볼 수 있는데, 선주민과 이주민이 경제공동체를 이루고 있다. 전국의 많은 외국인 집거지에서는 이주민이 사실상 분리

상태인데, 이곳은 달랐다.

시장상인회와 지역주민이 함께 만든 만세도서관(2015년 설립)이 특별했다. 만세운동의 '만세' 외에 '만 명의 스승을 만나는 세상'이라는 뜻도 담았다는 만세도서관. 특히, 토요일 오전 10시부터 오후 1시까지 한국 어린이와 이주민 어린이가 함께 수업하고 먹고 노는 '만세 이야기' 프로그램이 인상적이다. 만세도서관에서 시작해 2020년 다올공동체가 만들어졌고, 2021년 5월 다문화·외국인 주민을 위해 마련한 문화더함공간 '서로'도 운영을 맡았다.

'서로'가 무슨 일을 했는지는 벽면을 가득 채운 포스터로 짐작할 수 있다. 실로 외국인 주민의 소통공간이자 함께 모여 커뮤니티 활동을 할 수 있는 문화를 더하는 공간임을 느낄 수 있었다. 다양한 나라의 외국인 주민이 각기 공동체를 이루어 각종 소모임을 하고 있었다. 베트남 전통 타악기 트룽 연주엔 동아리 포스터가 시선을 끌었다. 베드남 결혼이주민(남성, 여성)으로 구성되

'서로'의 외국인 주민 공동체 활동 포스터

향남 문화더함공간 '서로'에서(왼쪽부터 남제니아, 조정아, 이상기, 김홍록, 양지윤, 채예진,
묵시나, 이현지, 로리타, 윤정숙, 최비탈리, 김양우)

어 평일은 일하고 주말에 모여서 연습한다. 이제 상당한 수준에 이르러 베트남공동체 모임은 물론이고 외부 공연도 다닌다. 공연료를 받아 단체복도 구매했다. 2023년 2월에는 문화더함공간 '서로'와 베트남공동체가 함께 준비한 '2023 화성베트남공동체 뗏(설날) 함께 즐기기' 행사도 성황리에 마쳤다.

만세도서관의 운영위원이던 조정아 '서로'장은 오래전 학교 앞에서 러시아 부모가 소통 부재로 어려움을 겪는 것을 보았다. 그때 러시아에서 온 무비나(2학년), 무슬리마(1학년), 묵시나(5세) 세 자매를 만났다. 이들 세 자매는 만세도서관에 계속 나오면서 한국어도 빠르게 늘고 성적도 좋아졌다. 특히 초등학교 6학년인 막내 묵시나는 운동을 좋아해 '서로'에서 우슈를 배우는 6명 아이들 중 리더다. 선생님이 오지 않는 날에는 영상을 틀어놓고 동생들을 가르치기도 하는데, 아직 어린 나이지만 공동체와 동아리 대표 모임에도 빠지지 않는다.

문화더함공간 '서로'는 화성시 다문화 외국인 주민의 참여와 성장, 소통과 교류를 북돋기 위한 다양한 사업을 통해 행복한 지역사회를 함께 만들고 있다.

9

한국인·이주민이 함께 행복을 꿈꾸는 평택

김용필

평택시의 산업단지

경기 서남권에 위치한 평택시는 2024년 1월 인구 60만 명대를 넘어서 100만 글로벌 도시로의 성장을 꾀하고 있다. 평택시의 외국인 수는 정확히 얼마나 되는지 파악하기 어려운 측면이 있다. 2023년 말 기준 주민등록 인구는 59만 1,022명, 등록외국인 2만 8,822명, 거소신고자 1만 2,941명으로 총 63만 2,785명이었지만, 통계에 잡히지 않은 외국인이 있기 때문이다.

경기통계(2022.12.31 기준)에 따르면, 평택시 외국인은 중국 국적자가 8천 명(한국계 중국인 5,443명 포함)으로 가장 많고, 다음은 미국이 4,078명이다. 이어 베트남 2,663명, 필리핀 1,196명, 우즈베키스탄 1,152명 순이다. 지역별로 보면 포승읍 3,092명, 팽성읍 2,198명, 안중읍 2,000명, 청북읍 1,610명, 신평동 1,286명, 비천1동 1,218명, 용이동 1,162명 순이다(2023 『경기백서』).

하지만 13개에 이르는 산업단지가 있는 평택시는 미등록외국인도 많은 편인 것으로 파악되고 등록외국인 수에 포함되지 않은 주한미군이 있어서 실제 거주 외국인은 통계보다 두 배 이상 많다고 봐야 할 것이다. 평택시 거주 외국인이 다양하다는 점도 주목해보게 된다.

25개 읍·면·동으로 구성된 평택시는 북부, 서부, 남부로 구분된다. 북부지역은 삼성전자가 있는 고덕산업단지, LG전자 진위산업단지 등이 있고 서부지역은 자동차 수출 최대 물량을 선적하는 평택항을 끼고 있는 곳으로 포승국가산업단지, 오성산업단지, 현곡산업단지가 있다. 남부지역은 농업을 기반으로 하는 곳이면서 세계 최대 규모의 주한미군이 주둔하는 미군기지가 있다. 이런 지역적 특성에 따라 외국인 구성원도 다양하다는 것을 느낄 수 있다.

평택의 외국인 유입 역사

『평택군지』(1984)에 따르면 평택지역의 외국인 거주는 일제강점기 초기 일본인이 농업이민으로 이주해와 거주하게 되었으며, 그 수는 700여 명에 달했다고 한다.

평택시는 1995년 5월 10일 평택군·송탄시·평택시가 통합평택시로 출범했고, 1996년 평택항이 당진항과 함께 국책 항구로 선정되면서 세계적 규모의 무역항으로 성장했다. 2000년대 들어 중국의 경제성장과 맞물려 한중 간의 교역이 활발하게 이루어졌다. 물적·인적 교류가 많이 늘어나고 따이공(代工, 대신 전달하는 사람: 보따리상) 무역도 성행해 중국인 유입이 늘었다.

2000년대 들어 평택시의 큰 변화는 서울 용산과 동두천 미군기지의 평택 이전이다. 현재 단일 기지로는 세계 최대의 해외 미군기지가 들어서게 된 평택시에 미국인 인구가 늘고 새로운 관광문화 지대가 형성된 배경이 되었다.

이어 2010년대 이후부터는 산업단지가 더 많이 들어서면서 외국인 노동자 유입도 증가하는 추세다. 중국동포(조선족)뿐만 아니라 베트남, 필리핀, 태국, 네팔, 캄보디아, 미얀마, 스리랑카, 인도네시아 등 여러 국적의 근로자가 들어와 일하고 있다. 평택동과 통복동에는 다문화거리가 형성되고 포승읍에 고려인 동포 집거지가 형성되어 있는 모습을 찾아볼 수 있다.

이렇게 다양한 외국인이 거주하는 곳이 평택이다. 이런 점에서 '외국인 친화도시' 이미지를 주기 위한 평택시의 노력도 주목해봐야 할 것 같다. 2024년 1월 18일 정장선 평택시장은 언론인과의 신년간담회에서 "외국인이 많이 거주하고 있는 만큼 다문화가족 권역별 네트워크를 구축하고, 미세먼지 등 상대적으로 열악한 도시환경 개선, 녹색도시와 깨끗한 도시 구축, 2023년 처음 열린 '해양페스티벌'을 평택의 대표 축제로 육성하는 등 중점 사업을 소개하고 '시민이 행복한 미래첨단 녹색도시'를 조성하겠다"고 밝혔다.

글로벌 도시로 발전

평택의 대표적인 전통시장인 통복시장은 100년이 넘은 점포가 있을 정도로 역사가 깊고 경기 남부 최대 시장으로 알려져 있다. 통복시장의 비전은 외국인도 부담 없이 즐겨 찾는 글로벌한 전통시장이다. 중국, 베트남, 캄보디아 등 '외국인 사장님'이 운영하는 점포도 늘어나고 있다.

임경섭 통복시장 상인회장은 "K-놀이 미션을 하면서 우리나라 문화를 즐기는 것까지 전통시장이 한국의 문화를 체험할 수 있는 친근한 장소가 될 수 있도록 진입장벽을 낮췄다"고 소개하고, "글로벌 문화를 선도하는 통복시장이 되기 위해 노력할 것"이라고 언론과의 인터뷰에서 밝혔다.

한국관광공사가 운영하는 국내 여행 정보 서비스 '대한민국 구석구석'에 소개된 신장동 일대에 형성된 송탄관광특구는 미군기지를 중심으로 쇼핑과 유흥 시설이 들어선 지역으로 '리틀 이태원'으로 불린다. 평택시는 9월이면 송탄관광특구 한마음 대축제를 연다. 주한미군을 비롯한 다양한 국적의 사람들이 시민과 함께 어울려 살아가는 글로벌 도시 평택을 알리는 장으로 삼는다는 계획이다.

국제항만도시, 첨단산업도시에 관광도시라는 이미지까지 더해진다면 평택시가 활기찬 글로벌 도시로 발전할 수 있는 잠재력을 갖게 된다고 본다.

이주민과 함께 꿈꾸는 행복한 도시로

평택에서 30년째 살면서 2001년부터 외국인지원 활동을 펼쳐온 김우영 평택외국인복지센터 센터장은 "한국인과 이주민이 함께 행복하게 살 수 있는 사회를 만드는 데 일조하고 싶다"며 이주민과 함께하는 삶을 실천해오고 있다. 한국어교육을 시작으로 임금체불, 산업재해 상담까지 해주는 '평택외국인노동자센터'를 설립하고 2022년 2월 사단법인 평택외국인복지센터로 명칭을 변경해 설립함으로써 평택시의 대표적인 외국인 지원기관으로 자리매김하게 되었다.

평택동 68-2번지 평택외국인복지지원센터는 평택역에서 500m 정도 떨어진 평택동 구도심지에 있고, 도로 맞은편은 통복전통시장이다. 그동안 센터는 기업으로부터 재고 옷을 받아 외국인에게 싸게 파는 의류점을 10년간 운영했다. 현재는 1층 사업장에서 직접 중고 핸드폰을 판매하는 사업을 하고 있다. 외국인의 명의도용 고충 상담이 많아지자 이를 근본적으로 해결해주기 위해서다. 외국인의 생활 편의를 제공하는 일을 수익사업으로 펼치고 있는 셈이다. 또한, 한국상품을 본국에 파는 무역업을 하는 외국인도 늘어나자 외국인과 함께 상품수출입 무역업으로 분야도 넓혀가고 있다. 이렇게 자립형으로 센터 운영의 재정을 담당하고 있다.

평택외국인복지센터의 주목해볼 활동은 2012년 네팔지부와 2016년 미얀마지부 설립이다. 노동자로 들어와 귀국한 외국인과 연대하여 활동 영역을 넓혀가고 있다. 센터에는 현재 네팔과 미얀마 외에 베트남, 필리핀, 캄보디아

평택외국인복지지원센터

2023년 평택아시안게임
참가 신청 안내문

등 5개국의 외국인공동체 활동이 이루어지고 있다.

2019년 처음으로 개최한 평택아시안컵대회도 주목을 받는다. 이 대회는 축구대회를 시작으로 2022년, 2023년에는 축구뿐만 아니라 전통게임대회로 다양한 문화를 이해하고 화합과 우정을 다지는 장으로 확대되고 있다. 평택시에서도 지원하는 대회로 주목을 받고 있다.

평택외국인복지센터는 평택동 다문화거리 상인회를 국적별로 조직하는 일을 진행하고 있다. 2021년에는 평택다문화거리 안내지도를 제작했다. 평택역에서 가까운 평택동은 한때 평택의 대표적인 번화가였다. 그러나 한국인이 신도시로 빠져나가면서 빈자리에 외국인 상점이 하나둘 들어서기 시작했다. 중국동포 상점이 35개 이상으로 가장 많고, 베트남 상점 7곳 정도, 인도, 네팔, 방글라데시, 미얀마, 태국 등 여러 나라의 음식점 등이 있는 다문화거리로 변화되어가는 중이다. 센터는 한국인과 외국인이 함께 행복한 도시를 만들기 위해 매월 마지막 주 일요일에 정기적으로 외국인과 평택 명동에서 다문화거리 청소를 시행하고 있다.

평택동과 통북동에
형성된 평택다문화거리

다문화 명동거리 청소 안내문

10

누구나,
모두 · 함께 · 다 같이 행복한
용인

김용국 · 김소희

용인특례시의 인구구성

용인특례시는 인구 100만이 넘는 거대도시다. 도농복합도시로 북서쪽
수지구와 기흥구를 제외하면, 행정개편 이전 용인시의 대부분 지역이 처인

도 · 농복합도시	교통의 요충도시	선진교육 · 문화도시
빠른 도시화로 인구 급증	수도권 남부 중심에 위치	전통과 현대의 어우러짐

총인구
1,091,500명
외국인 주민 수
17,987명

총세대
432,141세대
세대당 인구 수
2.6명

출생아 수
(2022년 기준)
5,700명
(합계출산율 0.84)

용인특례시의 특성

구(용인시 전체 면적의 79.06% 차지)에 속한다. 또한, 2023년 3월 기준 총인구수는 109만 1,500명으로 이 중 외국인 주민 수는 1만 7,987명이며, 외국인 주민의 55%가 처인구에 거주하고 있다.

한편, 용인특례시는 1~4명 규모의 사업체가 전체의 85.53%로 가장 많은 비율을 차지하고, 개인사업체가 전체의 73.9%를 차지하는 등 규모가 작은 사업체가 많다. 거주 외국인 주민 중 가장 많은 비율을 차지하는 이주노동자는 도농복합도시 용인의 다양한 산업 분야에 종사하고 있다. 고용노동부 자료에 의하면 용인특례시에는 총 934개 외국인 고용업체(제조업 790개, 농축산업 144개)가 있으며, 대부분 영세한 규모로 이주노동자의 의존도가 높은 편이다.

용인시외국인복지센터의 비전 · 목표 · 핵심전략

용인시외국인복지센터는 SDGs를 실천합니다.

UN SDGs, 용인시외국인복지센터 운영 철학의 근간을 이루다

🏷 비전

다름을 존중하는 시민과 함께 다름이 존중받는 세상을 만들어 가겠습니다.

모든 이들의 자유와 존엄과 평등을 소중하게 생각하겠습니다.

인류의 미래를 생각하며 지속가능한 발전(SDGs)을 실천하겠습니다.

🏷 목표

01	외국인 주민의 **지역사회 정착**
02	외국인 주민의 **생활편익 향상**
03	외국인 주민의 **한국문화 수용성 강화**
04	내·외국인 간 **소통과 화합의 기반 구축**
05	내·외국인 간 **상호문화 이해증진**
06	용인시 글로벌 **다문화 인재 양성**

🏷 핵심전략

평등

누구도 소외되지 않는
사람중심의 정책 실현

협력

누구나 동반자가 되는
협력체계 구축

호혜

이주민과 선주민이 함께 만드는
공동체 구현

yisc

프로그램 구성

용인시외국인복지센터는 교육, 상담, 문화, 복지의 네 분야에서 다양한 프로그램을 운영하고 있다.

용인시외국인복지센터 운영 프로그램

분야	세부 프로그램	지역사회 협력	자원봉사자 확보방안
교육	한국어교실, 사회통합 프로그램, 디지털 역량강화, 자격증 과정 등	단국대학교 등 지역 내 학교와 협력	1365를 통해 필요할 때마다 수시 모집, 센터에 등록된 외국인 주민 자원봉사자 활용
상담	외국인 주민을 위한 다양한 상담 및 통역 지원(체류자격, 노무 등)	경기도외국인인권지원센터 등과 협력	
문화	문화탐방, 내외국인이 참여하는 문화소통 프로그램, 외국인 주민 자조모임 지원 등	허그미공방, 도예살롱 모네드 등 지역 내 문화예술단체 등과 협력	
복지	물품 나눔 행사, 사각지대 외국인 주민을 위한 의료지원 연계 등	용인지역자활센터, 용인세브란스병원, 용인서울병원 등과 협력	

당당한 이주민으로 살기

용인특례시의 이주민이 지역주민으로 당당하게 살아가기 위해 가장 중요한 것은 바로 '한국어 능력'이다. 이를 위해 수준별 한국어 수업과 함께 법무부의 사회통합 프로그램을 함께 운영하고 있다. 아울러 서로의 문화를 이해하고 소통하며 화합할 수 있도록 여러 프로그램에서 내외국인이 함께 참여할 수 있게 지원하고 있다.

인력 부족으로 어려움을 겪고 있는 농촌을 위해 한걸음에 달려가다

생명을 살리는 작은 실천! 헌혈

중앙시장을 비롯하여 밝고 깨끗한 생활환경을 조성하기 위한 벽화 그리기

지역사회를 위해 모두 · 함께 · 다 같이

　　센터가 중요하게 생각하는 것은 바로 '호혜성'이다. 사실상 이주민의 한국 사회에 대한 기여가 크다. 그런데도 선주민은 이를 인식하기 쉽지 않다. 이러한 기여도를 알리기 위해 주기적으로 헌혈 행사, 농촌지역 일손 돕기 등 다양한 봉사활동을 진행하고 있다. 이를 통해 이주민의 자부심과 주민의식을 고취하고 선주민의 이주민에 대한 거리감과 편견을 해소할 수 있도록 한다.

사업주와 이주노동자가 함께

　　용인시외국인복지센터가 중요하게 생각하는 것 중 하나가 바로 사업주

내외국인 화합증진 프로젝트 '경계를 넘어 서로를 품다'

와 이주노동자 간 신뢰 구축이다. 이를 위한 중간 매개로 갈등을 예방하고 지역사회의 건강성을 증진하고 있다. 이를 위해 사업주와 이주노동자 간 대화모임을 진행했다. 서로의 고충을 듣고 서로에게 고마운 점을 전달하는 소중한 시간이었다. 나아가 사업주에게는 산업안전교육, 이주노동자에게는 노동인권교육을 진행하여 사업주도 이주노동자도 '책임'을 다하고 '권리'를 누릴 수 있도록 돕고 있다.

나라별 자조모임 구축과 다양한 활동

용인시외국인복지센터는 현재 네팔, 스리랑카, 인도네시아, 중국, 필리핀 총 5개 나라의 자조모임이 구축되어 저마다 다양한 활동을 펼치고 있다.

함께 웃고 함께 이겨내는 다양한 자조모임

농구대회, 크리켓대회, 풋살대회 등 다양한 체육대회를 비롯하여 템플스테이 같은 힐링 체험도 진행된다. 2024년부터는 5개 나라(베트남, 몽골, 미얀마, 캄보디아, 우즈베키스탄)가 더 추가되어 총 10개의 자조모임이 운영될 예정이다.

개관 2주년 기념 '모두·함께·다 같이' 페스티벌

2년의 여정이 빚어낸 화합과 공존, 하나 된 우리

2022년 9월 개관 2주년을 기념하여 '모두·함께·다 같이' 페스티벌을 개최했다. 행정과 센터가 함께, 이주민과 선주민이 함께, 남성과 여성이 함께, 아이와 어른이 함께. 용인시민이라면 누구나 함께하는 축제의 장이었다.

앞으로의 3년

2020년 7월 21일 문을 연 용인시외국인복지센터는 운영을 시작한 지 3년이 조금 넘었다. 그동안 용인특례시 거주 이주민을 위해 그리고 이주민과 함께 살아가는 선주민을 위해 다양한 분야에서 다채로운 프로그램을 기획하고 운영했다. 지난 3년 동안 굳건한 토대를 구축하고, 앞으로의 3년은 'No One Left Behind(단 한 사람도 소외되지 않도록 한다)'를 더욱 실현할 수 있는 3년이 되기를 희망한다. 아니, 결심한다.

수많은 세계가 공감으로 이어진 순간, 2023 다문화 한마당 축제

11

'다문화에서 상호문화'로
나아가는
김포

최영일

이주민 유입 이후 가장 많은 이주민 체류 중

2023년 8월 말 현재 김포시 인구 51만 3,691명(외국인 포함)의 5.4%인 2만 7,662명(등록외국인 2만 1,576명, 외국국적동포 거소신고자 6,086명)의 이주민이 거주하고 있다. 2,653명(2021년 11월 기준)의 귀화자까지 추가하면 이주배경 인구는 3만 315명으로 김포 전체 인구의 6%에 달한다. 2021년 11월 행안부의 통계를 기준으로 이민자의 국내 출생 자녀들까지 추가하면 비중은 6.4%까지 높아진다. 등록외국인의 경우 2021년 코로나19로 인해 1만 7,759명까지 감소하기도 했으나, 2023년 8월 현재 외국국적동포 거소신고자까지 포함하면 2020년 8월 대비 3,306명이 증가했다. 현재 김포시에는 이주민 인구 유입 이후 가장 많은 이주민이 체류하고 있다.

김포시 연도별 등록외국인 변화

(단위: 명)

연도	2014	2015	2016	2017	2018	2019	2020	2021	2022	2023.08
인원	14,838	16,595	17,534	18,340	18,849	20,013	19,042	17,759	19,840	21,576

출처: 김포시청 홈페이지 자료 재구성

코로나19 시기 큰 폭으로 감소했지만, 2022년 말 이후 지속적으로 증가했으며 특히 외국국적동포 거소신고자와 기타 체류자가 각각 1,355명, 1,566명 이상씩 증가했다.

김포시 거주 이주민 통계

(2023년 8월 법무부 통계 기준/단위: 명)

계	외국인 근로자	결혼이민자	유학생	외국국적동포 거소신고자	기타(기업투자, 종교, 방문동거 등)
27,662	13,676 (49%)	2,187 (8%)	296 (1%)	6,086 (22%)	5,417 (20%)

김포시 이주민사회의 특성은 고용허가제 인력 중심, 제조업 종사자 중심 이주민사회라 할 수 있다. 경기도의 수원, 성남, 화성, 안산, 시흥, 부천 등과의 확연한 차이는 외국국적동포 거소신고자 인구와 방문취업동포 인구가 상대적으로 적다는 것이다. 2023년 8월 김포 거주 이주민 중 49%를 차지하는 1만 3,676명의 외국인 노동자는 단순 노무 외국인력(E9, H2)이다. 이들 중 대다수는 2021년 산업체 조사에 따르면 1만 3,582여 개에 이르는 김포지역 제조업체에서 일하고 있다. 앞서 언급한 바와 같이 대곶면 소재 4,311개의 제조업체 중에서 가장 많은 이주민 인구가 거주하며 노동하고 있다.

나아가 중국계 동포와 고려인 중심의 외국국적동포 거소신고자의 국적별 변화 추이를 보면 2020년에 비해 2023년 중국 500여 명을 필두로 우즈베키스탄과 카자흐스탄, 키르기스스탄, 우크라이나 동포의 증가를 볼 수 있다.

김포 거주 외국국적동포 거소신고자 현황

(2023년 6월)

총합계	한국계 중국인	한국계 러시아인	우즈베키스탄	카자흐스탄	키르기스스탄
5,983	3,956	465	402	130	37

▌이주민 밀집 읍·면·동의 증가

등록체류자를 중심으로 2023년 6월 읍·면·동별 이주민 체류 현황을 보면 대곶면이 5,627명으로 가장 많은 것을 볼 수 있나. 동월 한국인 선주민 인구 약 9,731명 대비 58%에 이르고, 이주민 포함 37%이며, 남녀 성비 역시 불균형이 심각하여 등록체류자의 경우 남성이 90%를 차지하고 있는 것을 볼 수 있다. 여기에 대곶 거주 외국국적동포 거소신고자(F4) 800여 명을 추가하면 6,427명으로 내국인 대비 66%이며, 대곶면 전체 인구 대비 40%에 달한다. 대곶면 전체 거주민 10명 중 4명이 이주민으로 이주민 고밀집 지역이라 할 수 있다.

김포시 이주민 인구 증가추세는 2023년 6월의 경우 등록외국인 중 동포 체류자의 증가에 기인한 것이지만, 2023년 추진된 고용노동부와 법무부 외국인력정책의 변화에 따라 더욱 가속화될 것으로 예상한다. 2023년 11만 명의 고용허가제(E-9) 인력의 대규모 도입이 추진되고 있고, 법무부의 숙련기술인력(E-7-4) 도입 역시 2022년 2천 명에서 2023년 3만 5천 명으로 17.5배 규모로 확대 추진되고 있기 때문이다.

특히 김포의 경우 기존 일반 고용허가제(E-9) 인력이 전국에서 화성 다음으로 큰 비중을 차지하고 있는 만큼 외국인력정책에 의존하고 있는 상황

(2023년 6월)

구분	남	여	합계
합계	15,934	5,072	21,006
통진읍	3,080	916	3,996
고촌읍	190	179	369
양촌읍	3,188	896	4,084
대곶면	5,089	538	5,627
월곶면	1,365	538	5,627
하성면	1,241	164	1,405
김포본동	247	287	534
장기본동	142	158	300
사우동	223	251	474
풍무동	260	256	516
장기동	209	290	499
구래동	272	415	687
마산동	213	313	526
운양동	215	259	474

에서 김포시 이주민 인구의 증가는 필연적이며, 동시에 주로 E-9 체류자격에서 점수제에 따라 전환되는 숙련기술(E-7-4) 체류자격 인구 역시 E-9 체류자격 수에 비례하여 증가하기에 정주형 체류자이자 가족동반이 가능한 E-7-4 체류자격 이주민이 증가할 것으로 보인다. 숙련기술인력의 증가와 함께 동반가족, 즉 배우자와 동반 자녀들 역시 증가할 것이기에 가족 서비스 수요 역시 증가할 것으로 보인다. 이는 또한 외국인력 중심의 읍·면·동 이주민 인구도 비례하여 증가가 예상됨에 따라 이주민 밀집도 역시 대곶, 양촌, 통진, 하성,

월곶 지역 순으로 높아질 것으로 예상한다.

10인 미만 제조업에 종사하는 이주민

또한, 김포 거주 이주민이 근무하는 김포시 산업체 통계에서는 66%가 5인 미만 사업장이며 85%가 10인 미만 사업장이다. 100인 이상 기업이 상대적으로 많은 화성시 등과 비교했을 때 열악한 노동시장의 현실을 볼 수 있다. 2018년 산업체 조사 통계와 비교해 2021년 5인 미만 사업장이 4,607개 업체로 증가했다. 이는 산업단지 개발로 인해 관외 열악한 사업체의 유입으로도 볼 수 있지만, 동시에 외국인 노동자 배정 규모 확대를 목표로 한 사업장 쪼개기도 일부 포함된 결과라고 할 수 있다. 혹은 경기가 어려워 사업장 내 사장과 직원이 아닌 사장과 소사장 도급 관계로 전환하여 생산의 분업화를 통한 부담 완화 노력도 포함되어 있을 것으로 보인다. 세 가지 경우의 수 모두 결국 외국인력에 대한 수요의 증가 요인이라는 관점에서 더욱 외국인력 의존도가 높은 기업들의 증가로 해석할 수 있다. 또한, 2023년 8월 말 현재 김포에는 고용허가제 MOU 국가 16개국을 포함하여 약 93개국 이상 이주민이

2021년 김포시 제조업 조사

산업 분류	김포시		통진읍	고촌읍	양촌읍	대곶면	월곶면	하성면
	업체 수	종사자	업체 수	업체 수	업체 수	업체 수	업체 수	업체 수
제조업	13,582	80,067	2,294	442	3,065	4,311	894	1,305
전체 산업	62,310	213,769	5,862	5,284	8,316	7,520	2,396	3,063

출처: 김포시청 통계자료

성별	E7-01 (전문인력)	E7-02 (준전문인력)	E7-04 (숙련기능)	E9-01 (제조업)	E9-02 (건설업)	E9-03 (농업)	E9-04 (어업)	H2 (방문취업)	총합계
남성	38	31	270	10,941	42	177	74	732	11,573
여성	22	5		265		44		546	336
총계	60	36	270	11,206	42	221	74	1,278	11,909

거주하고 있으며 대곶, 양촌, 통진, 하성, 월곶 등 제조업체 밀집 지역에 등록 외국인의 80%가 거주하고 있다.

이들의 체류자격은 주로 E9 체류자격자 중 제조업 종사자가 1만 1,206명으로 절대적인 비중을 차지하며 농업 221명, 어업 74명, 건설업 42명 순으로 체류하고 있다. 가족을 동반할 수 있는 숙련기술 270명, 전문인력 60명, 준전문인력은 36명으로 소수에 그치고 있다.

이주배경청소년 지역자원 연계사업을 확대하고 있는 김포

특정 체류자격에 속하는 숙련기술인력(E-7-4)이 지속적으로 증가할 것으로 예상하며 이들 중 일부가 자녀들을 동반한다는 점에서 대곶, 양촌, 통진, 하성, 월곶 등 밀집 지역 어린이집, 유치원, 초등학교 등에서 이주배경청소년의 증가와 더불어 돌봄 수요, 언어교육 수요가 증가할 것으로 보인다. 이는 시계열적으로 매년 초·중·고 이주배경청소년의 증가로 이어진다는 점에서 이주배경청소년을 위한 사업 수요가 증가할 수밖에 없을 것이다.

2020년 6월 말 김포시 거주 19세 이하 이주배경자녀 통계를 보면 등록 외국인 자녀는 총 819명, 외국국적동포 거소신고자 자녀는 40명에 이른다.

2023년 6월 말 김포시 거주 이주배경청소년 연령별 통계

등록체류	0~4세	5~9세	10~14세	15~19세	총계
김포 2020.06.30	314	268	133	104	819
김포 2023.06.30	391	368	208	159	1,126

등록외국인 자녀의 경우 방문취업동포(H2) 자녀나 숙련기술(E-7-4), F-2(거주, 난민인정자, 특별기여자 등) 정주형 체류자의 자녀들로 볼 수 있다. 아래 표를 통해서도 알 수 있듯이 어린 연령대로 갈수록 그 수가 증가하는 것을 볼 수 있으며, 지속적으로 자녀를 동반하는 가족이 증가하고 있는 것으로 해석할 수 있겠다.

김포시 거주 19세 이하 등록체류 자녀 역시 2020년 819명에 비해 2023년 6월에는 1,126명으로 증가추세를 보이고, 동포 자녀 역시 2020년 40명에 비해 2023년 6월 말 195명으로 증가했다. 읍·면·동별 19세 이하 이주배경자녀 인구 역시 대곶면 151명, 양촌읍 243명, 통진읍 212명으로 총 1,126명이 거주하고 있다. 이 세 지역 외에도 다수의 지역에 고루 분포하고 있다. 어린 연령대로 갈수록 증가추세에 있으며 몇 년 뒤 초등학교부터 가파르게 증가할 것으로 보인다.

이같이 김포지역의 정주형 체류자의 증가추세와 동포들의 증가, 다양한 정체성을 가진 다국적 난민 가정, 숙련기술인력의 증가에 따른 이주배경청소년의 증가가 예상되고 있다. 기존 결혼이민자와 그 자녀들, 이주배경청소년은 대곶읍, 양촌읍, 통진읍에 다수가 거주하고 있다. 이 지역 외에도 구래동을 포함해 전체적으로 이주배경청소년 인구는 증가추세에 있는 것으로 드러났다.

등록체류 이주배경자녀 통계(2023.6.30)

행정동	총합계	0~4세	5~9세	10~14세	15~19세	아동계
대곶면	5,627	60	44	22	25	151
양촌읍	4,039	79	87	45	32	243
통진읍	3,996	67	62	44	39	212
월곶면	1,515	6	2	1	8	17
하성면	1,405	9	11	6	5	31
구래동	687	32	32	19	10	93
김포본동	528	15	16	12	6	49
마산동	526	26	21	16	5	68
풍무동	516	16	15	12	10	53
장기동	499	23	31	9	3	66
사우동	474	12	21	8	2	43
운양동	474	23	14	9	9	55
고촌읍	364	6	4	2	2	14
장기본동	278	17	8	3	2	30
총계	21,006	391	368	208	159	1,126

다양한 정체성을 가진 난민의 정착

　　재정착 난민 도입 2차 사업 시기에 입국한 말레이시아 거주 미얀마 재정착 난민이 정착한 김포는 이미 협약난민 인정자들이 활발하게 활동하고 있는 지역 특성을 가지고 있다. 줌머 난민은 방글라데시 치타공 구릉지

김포시 관내 정착 난민 그룹

정착 난민 그룹	지역 정착 시점	주요 정착 지역	출신국
줌머	1994	양곡, 대곶, 마송	방글라데시
미얀마 재정착 난민	2019	양곡, 대곶	미얀마
아프가니스탄	2022	양곡, 마송	아프가니스탄

역(CHT: Chittagon Hill Tracks)의 소수 선주민이자 협약난민이며 줌머인이 2002년 4월 14일 대곶면 송마리에서 국제 줌머인연대 한국지부 JPNK를 설립하여 활동하고 있는 지역이다. 1994년 최초로 입국한 줌머인은 2002년 10월 난민 신청 후 2004년 난민 신청자 13명 중 12명이 난민 인정을 받았고, 2023년 4월 현재 난민 인정자들과 난민 신청자, 고용허가제(E-9) 체류자격 소유자 및 자녀들을 포함하여 약 181명이 거주하고 있으며 상당수는 귀화하여 한국 국적을 취득했다. 이들 중 다수가 김포시 양촌읍 양곡에 거주하며 일부는 대곶과 마송 등에 거주하고 있다. 또한, 2022년 입국한 특별기여자 아프가니스탄인 43명 역시 양곡과 마송 지역에 거주하고 있으며, 그 가족들의 경우 자녀들이 추가 입국했다.

지리적으로 김포는 포도송이 개발로 길고 분산된 특성을 지니고 있어 한 곳에서 서비스를 제공할 수 없고, 이에 수요자 중심의 접근 서비스를 위해서는 다양한 네트워크 사업이 필요한 상황이다. 이처럼 이주민의 증가, 다양한 정체성과 다양한 체류유형의 증가, 정착 난민의 증가에 따른 대응을 준비해야 할 김포시에서 특기할 만한 점은 이주민 관련 단체들이 상대적으로 많은 지자체라는 점이다. 최근 2023년 그동안 중단되었던 김포이주민단체협의회가 다시 형성되어 정관을 새롭게 정비하고 사업을 시작하고 있다는 점에서 시의성 있고 환영할만한 일로 보인다.

또한, 김포시에는 이주민 가족의 정착과 언어장벽 문제를 극복하기 위한 한국어교육 및 통역 인프라와 임금체불, 인권침해, 생활고충 등의 문제를 지원할 수 있는 상담 인프라 역시 잘 준비되어 있다. 김포시외국인주민지원센터와 가족센터가 설치되어 있다. 또한, 출입국사무소와 노동부, 김포시외국인주민지원센터가 한 공간에서 협업하고 있는 다문화이주민플러스센터가 설치되어 있다.

다문화이주민+(플러스)센터는 출입국 체류 관리와 고용허가, 한국어교육, 상담, 통·번역 등 다문화가족과 외국인이 한국 생활에 필요한 각종 행정지원 서비스를 원스톱으로 제공하는 시설로 한 공간에 법무부와 노동부가 입주해 공간통합형 서비스를 제공하고 있다. 2019년 4월에 설치되어 운영 및 통역 등 연계 서비스를 제공하고 있다. 이 외에도 김포시외국인주민지원센터가 사회통합프로그램 거점으로 선정되어 5개의 운영기관과 한국어, 한국 사회문화교육이 실행되고 있고, 이주배경청소년 지역자원 연계사업의 활성화, 미얀마재정착난민공동체를 포함한 16개 이상의 국가 혹은 에스닉 공동체, 다문화특성화학교 및 다문화예비학교, 줌머난민공동체의 활성화와 보이사비 축제, 난민지원조례를 통과시킨 난민 관련 이해와 공동체적 지식 인프라 등이 구축된 지역이다.

상호문화도시를 형성해가고 있는 김포시

김포시는 다양한 이주민의 증가에 대비해 김포시외국인주민지원센터에서도 이미 15개 언어 이상의 통역상담 인프라를 구축하고 있다. 2021년 코로나19 상황에서 센터 통역상담 통계는 2만 1천 건에 이르렀다. 김포시외국인주민지원센터를 거점으로 하는 사회통합 운영기관이 대곶, 통진, 하성, 북변동, 양촌읍 등에 설치되어 운영되고 있고, 다문화이주민플러스센터, 무료진료소 등이 김포시외국인주민지원센터 내에 설치되어 있다.

2022년 이후 김포시의 이주민 지원 인프라에 많은 변화가 일어나고 있다. 이주배경자녀의 어린이집 보육비 지원이 시작되었고, 2023년에는 이에 더해 김포시외국인주민지원센터를 주관기관으로 여가부의 이주배경청소년 지역자원 연계사업이 추진되었다. 사업의 목적은 이주배경청소년이 건강한 사회 구성원으로 성장할 수 있도록 지역의 자원을 연계하여 대상자 발굴 및 서비스, 사각지대 해소, 지역기관 연계를 통한 이주배경청소년 사각지대 발굴 및 통합(Onestop) 서비스를 제공하기 위함이다. 지역기관의 연계(네트워크 구축), 기관 참여를 통한 서비스 영역 및 대상자 발굴 다양화, 통합서비스 제공 분야 확정 및 사업 수행, 강사 등 인재풀 확보 및 수행 기관의 역량 강화를 목표로 추진하고 있다. 김포시를 중심으로 이주배경청소년 관련 기관·단체 간 협조 및 지원 체계를 구축하고 있는데, 기대효과로는 네트워크망 구축으로 복지안전망 누수 예방 및 이주배경청소년 초기 발굴·지원, 이주배경청소년의 한국어 능력 향상을 통한 언어장벽 완화, 돌봄 사각지대 발생 예방과 극복 등이다.

　　2023년 10월 현재 민·관·학 실무협의체에 들어와 있는 단체들로 경기도김포교육지원청, 김포시청소년재단, 김포문화재단, 김포복지재단, 김포경찰서, 김포이웃살이, 꿈누리다문화센터, 너나우리행복센터, (사)경기도외국인가족협회, (사)한국이주민복지회, (사)한국청소년행복나눔, 우리두리하나지역아동센터, 일로한방병원, 하성이주민센터다. 이주배경청소년의 지속적인 증가를 고려할 때 매우 중요한 사업으로 자리 잡을 것으로 보인다.

　　2024년 2분기 무렵에는 통진읍에 상호문화교류센터가 설치되어 상호문화도시 김포 형성을 위한 여러 사업의 중요한 거점으로 자리 잡을 것으로 보인다.

김포시외국인주민지원센터

김포시외국인주민지원센터 위더스합창단 버스킹

12

새로운 가족: 동두천과 파주의 아프리카인 공동체

최원준 · 문선아

한국의 외국인 노동자는 19세기부터 존재해왔지만, 1980년대 후반부터 생산직의 인력난이 가시화되면서 많은 외국인 노동자가 대규모로 국내에 유입되기 시작했다.* 이 시기에 한국은 급속한 경제성장을 경험하며 특히 제조업과 건설업 분야에서 인력 수요가 증가했고, 이에 따라 외국인 노동력이 필요하게 되었다. 이민정책의 변화와 함께 한국 정부는 더 많은 외국인 노동자를 받아들이기 시작했고, 이 중에는 아프리카에서 온 노동자도 포함되어 있었다. 아프리카 노동자가 한국에 들어온 주된 이유는 다른 외국인 노동자와 마찬가지로 경제적 기회를 찾기 위해서다. 많은 아프리카 국가가 유럽에서 독립한 이후 정치적 불안정이 투자와 성장에 부정적 영향을 미쳤고, 대외 부채로 인한 고부담이 경제 발전을 억제했다. 또한, 유럽국가들의 자원착취로 경제 기반과 인프라는 약화되었다. 그래서 치안이 안전하면서 상대적으로 높

---

* 아프리카인이 한국으로 이주하기 시작한 것은 1990년대 초반이었다. 일본으로 이주한 나이지리아나 가나 노동자가 한국에 대한 정보를 확산시키기도 했으나, 1988년 서울올림픽을 시청한 아프리카인이 한국경제에 대한 깊은 인상을 받은 것이 이주의 중요한 배경이 되었다.

동두천 아프리카 근로자와 작업장

은 임금과 더 나은 생활 조건을 제공하는 나라들은 그들에게 이주 희망 국가가 되었다. 그리고 88올림픽의 성공 이후 한국도 아프리카인에게 매력적인나라가 되었다.

한국경제의 제조업 분야에서 일하는 아프리카인

현재 아프리카인은 한국경제에서 제조업 분야를 담당하고 있다. 섬유, 가구, 플라스틱 제조업 같은 전통적인 생산 분야는 노동집약적인 작업이 많아 한국 노동자가 선호하지 않는 직업군에 속한다.

이로 인해 아프리카인 노동자는 이러한 분야에서 중요한 인력 공급원이되어 한국의 노동력 부족 문제를 완화하는 데 기여하고 있다. 1990년대 중반부터 아프리카인은 이태원 보광동과 해방촌에 자리 잡기 시작해서 자신들의커뮤니티를 형성했고, 2000년 초부터 동두천, 파주 그리고 송탄으로 이주가시작되었다. 이 장에서는 경기북부 동두천과 파주를 중심으로 아프리카 커뮤니티가 형성된 과정과 현재 상황에 초점을 맞추고자 한다.

동두천은 주한미군기지가 있는 지역으로, 역사적으로 많은 외국인이 거주해왔다. 이러한 배경 때문에 동두천은 다양한 국적의 사람들이 거주하는 다문화 지역이 되었으며, 아프리카인이 미군기지 주변에 거주하기 시작한 것은 이러한 다문화적 환경과 연관이 있다고 추측할 수 있다. 그러나 이태원에서 동두천으로 일찍 이주한 것으로 알려진 나이지리아 아남브라 공동체 회장 조지(가명, 56세)에 따르면 처음 이태원에 거주하게 된 주된 이유는 주한미군으로 온 흑인(African American)과 같은 지역에서 함께 섞여 살기를 원해 이태원을 선택했고, 두 지역의 다문화적 특성은 크게 고려하지 않았다고 한다. 그리고 이태원의 월세가 오르기 시작하면서 미군이 주둔 중인 동두천을 알게 되어 이주를 결정했다고 한다. 그가 처음 이주했을 당시인 2002년 동두천에 아프리카인은 10명 정도였으며 나이지리아인은 약 5명 있었다고 한다.

동두천에는 현재 500여 명의 아프리카인*이 살고 있으며, 이들은 대부분 1호선 보산역 주변에 거주하고 있다. 보산역은 미군기시 캠프케이시 근처의 지하철역으로 1번 출구 앞은 미군을 위한 외국인관광특구인 클럽거리가 있으며, 2번 출구는 캠프케이시와 주거지역 방향이다. 과거 주한미군은 3년에서 5년 정도 장기근속을 하면서 부대 밖에서 가족들과 거주하는 경우가 많았기에 보산동에는 미군을 위한 월세시장이 잘 형성되어 있었다. 2003년 이라크전 발발 후 경기북부의 주한미군은 이라크로 파병을 가면서 감소하기 시작했고, 이후 이어진 미 국방부의 주한미군 축소계획과 한강 이남으로의 미군 이전계획에 따라 경기북부의 미군은 급격하게 감소한다. 그리고 이 시점부터 아프리카인이 동두천과 파주로 이주하기 시작한다.

---

*   동두천에는 원주민과 미군 그리고 필리핀, 터키, 파키스탄, 태국, 러시아 등 다양한 인종이 아프리카인과 함께 거주하고 있으며 나이지리아 이보족이 가장 큰 공동체를 만들어 유지하고 있다.

동두천의 나이지리아 이보족 공동체

    동두천에 사는 아프리카인 중 약 80%는 나이지리아 국적의 이보(IGBO)족, 10%는 가나인, 나머지는 남아공, 짐바브웨, 모잠비크, 나이지리아(요로바부족) 국적이다. 이보족은 나이지리아의 주요 민족 집단 중 하나로, 해외 이주가 많은 민족으로 알려져 있다. 이들은 더 나은 경제적 기회, 교육, 그리고 사회정치적 불안정 등을 이유로 해외로 나간다. 이보족 사람들은 자신들만의 커뮤니티를 형성하면서 독특한 이보 왕국 문화를 해외에서도 그대로 유지하고 있다. 이들이 '이그웨(IGWE)'라 부르는 왕은 동두천에 4명이 거주하는데, 나이지리아의 지역별 왕인 이그웨는 동두천에 살면서 한국 내 이보 이민자의 왕 역할을 하고 있다. 이그웨는 교민회장과 함께 공동체 안에서 일종의 고문으로 중요한 역할을 하고 있으며, 이모주(IMO STATE)의 이그웨는 초대 이모주 교민회장을 역임하기도 했다.

    이들은 이보족의 종교, 문화, 언어 등의 공통된 요소를 중심으로 서로 연대하며 사회적·문화적 행사를 주최하는데, 이보 커뮤니티 행사로서 이보어로 진행되기에 다른 외국인이나 한국인은 참여할 기회가 거의 없다. 동두

동두천의
나이지리아
이보족
지도자들

천에는 가나인 커뮤니티도 존재하는데, 이들은 이보족처럼 자신들만의 교민 회관이 없어 동두천 가톨릭센터를 빌려 매달 한 번씩 정기모임을 갖고 있다.

동두천에 소수의 가나인이 거주한다면 파주 아프리카 이주민의 다수는 가나인으로서 국내 최대 가나 커뮤니티가 파주에 있다. 이들 역시 동두천과 마찬가지로 2003년 이라크전이 시작되어 주한미군이 축소된 시점부터 용주골, 법원리 등으로 이주하기 시작했다. 미군이 파주에서 철수한 것은 약 18년 전으로 당시 파주에는 8개의 미군 부대가 주둔하고 있었으며, 동두천과 마찬가지로 미군은 군부대 주변의 집을 임대하여 가족들과 생활했기에 당시 군부대 주변은 미군을 위한 월세시장과 유흥가가 형성되어 있었다. 현재 파주에는 군사분계선 안에 위치한 캠프 보니파스를 제외하고 모든 미군이 철수한 상태로 가나인은 과거 미군이 머물던 주둔지에 공동체를 만들었다.

파주의 가나 아프리카교회(엘림소망교회) 공동체

수년째 파주 가나인공동체 회장을 역임하고 있는 밀러(가명, 60세) 씨는 가나인이 파주로 이주하게 된 큰 이유로 파주의 제조업 공장들과 저렴한 월세 등을 꼽았다. 파주에는 2005년 이복자 선교사가 아프리카인을 위해 설립한 엘림소망교회가 있다. 이 교회는 파주의 대표적인 아프리카교회로 다양한 국적의 아프리카 교인들로 구성된 교회다. 이곳은 특히 가나 국적 교인들이 많은 교회로 매달 가나공동체의 정기미팅 장소로 사용되며, 장례식 같은 특별한 행사를 진행하기도 한다. 엘림소망교회가 가나인에게 특별한 장소가 되기까지는 이복자 선교사의 큰 노력이 있었다. 언어장벽 문제로 교인들과 소통이 자유롭지 못함에도 이들의 건강 문제부터 임금체불 문제 등 종교를 뛰어넘어 이들을 위해 헌신한 이복자 선교사의 노력으로 이곳은 주한 가나대

파주의
아프리카교회
신도들
(앞줄 가운데가
이복자 선교사)

사가 자국 교민을 만나러 매년 방문하는 상징적인 장소가 되었다.

파주의 가나, 동두천의 나이지리아 공동체 그리고 이들과 함께 사는 남아공, 짐바브웨인 등 아프리카 이주민의 특징 중 하나는 한국문화에 대한 무관심이다. 물론 아프리카 내에서도 한국문화, 특히 K-pop과 한국 드라마에 관한 관심이 증가하고 있음을 보여주는 여러 보고서와 연구가 있으며, 따라서 아프리카인의 다양성을 고려하는 것은 매우 중요하다. 그러나 3년이 넘는 조사과정에서 만난 많은 아프리카인 중 한국문화에 관심을 가진 사람은 극소수에 불과했다. 이들이 이렇게 무관심한 이유는 먼저 이들의 노동환경과 관련이 있어 보인다. 동두천의 경우 미군기지촌으로만 외부에 알려졌지만, 동두천에는 이미 1960년대부터 대규모 섬유공단이 조성되기 시작했다.

이 시기 한국 정부는 경제성장을 촉진하기 위해 여러 산업단지를 설립했으며, 동두천 섬유공단도 그중 하나다. 또한, 동두천 주변 포천, 양주의 다양한 제조업 공장도 아프리카인의 주된 일터인데 이런 공장들은 격주로 주간근무와 야간근무를 오가는 근무 일정으로 노동강도가 센 편이다. 파주의 경우 재활용공장, 가구공장, 물류센터 등 업종은 다르지만 업무환경은 비슷하다. 또한, 대부분 아프리카인은 평일은 육체노동, 토요일은 여가를 즐기며

아프리카 공동체의 교민 행사

주말 낮에는 교회, 저녁에는 교민 행사 참여로 인해 매우 바쁜 일정을 보내고 있다.

그래서 이들이 한국문화 혹은 한국 사회에 대해 알기는 쉽지 않으며, 한국문화의 세계적 유행에도 불구하고 이들에게는 관심 밖의 일이다. 한국문화에 대한 이 같은 무관심은 이들을 한국 사회로부터 더욱 거리를 두게 하지만, 내부적으로는 결속력을 강하게 만드는 것처럼 보인다.

그러나 이주민 2세대로 시선을 옮기면 이야기는 완전히 달라진다. 아프리카 이주민의 역사가 짧은 만큼 이주민 2세의 평균나이는 10대 초반이며, 저자가 만난 최연장자는 23세다. 한국에서 태어났거나 어린 시절 한국으로 이주한 아프리카 이주민 2세의 경우, 한국문화를 한국인처럼 즐기며, 심지어 아프리카 음식보다 한국 음식을 선호하는 경향을 보인다. 그런 이유로 이들은 나이지리아인, 가나인 혹은 카메룬인이자 한국인으로서 두 개의 정체성을

가운데 한국 소녀와 친밀하게 지내는
아프리카 소녀들

가지며 성장한다.

　최근 한국 사회는 저출산 문제로 인한 노동력 부족으로 경제 하락은 물론이며, 군사력 하락으로 인한 안보의 위험까지 거론되고 있다. 이런 상황은 한국이 다문화사회로 진입해야 하는 이유를 만들어주고 있다. 그러나 한국이 다문화사회로 진입하는 데는 여러 문제가 있다. 첫 번째는 까다로운 체류자격 문제를 들 수 있겠다. 그러나 그보다 근본적인 문제는 한국 사회에 만연한 단일민족 개념과 그로 인해 우리와 다른 외국인을 자연스레 타자화하는 습성이다. 또한, 하얀 피부를 선호하는 미적 취향을 가진 한국인에게 어두운 피부를 가진 외국인은 더욱 쉽게 타자의 대상이 된다. 그래서 아프리카에서 온 흑인이 자생적으로 만든 동두천의 이보공동체와 파주의 가나공동체가 한국에서 어떻게 지역민과 공생하는지를 지켜보는 것은 한국의 다문화적 미래를 가늠하는 데 매우 중요한 기준이 될 수 있다. 또한, 앞으로 한국 사회가 아프리카 이주민과 그들의 2세를 포용하기 위해 어떤 정책과 프로그램을 보여줄 것인지가 매우 중요한 과제가 될 것이다.

13

경기북부의
외국인 정부 기관:
의정부와 양주

신상록

경기북부에서 외국인 근로자를 지원하는 정부 기관은 고용노동부 의정부외국인노동자지원센터와 법무부 양주외국인출입국·외국인사무소가 있다. 2004년 처음 설립된 센터는 전국에 9개 거점센터*와 31개 소지역센터가 있고, 고용부는 센터 운영을 민간 비영리단체(법인)에 위탁해 운영해왔다. 그런데 2024년 1월부터 노동부가 지방 고용노동관서와 산업인력공단을 통해 직접 수행하는 방식으로 운영하기로 했다. 그래서 2007년부터 운영해온 의정부외국인노동자지원센터도 문을 닫았다.

---

* 9개 지역은 다음과 같다. 한국/서울과 의정부, 인천, 김해, 대구, 창원, 양산, 광주, 천안

조속히 부활되어야 할 의정부외국인노동자지원센터

　　외국인 근로자의 내방 상담은 평일 대비 일요일이 훨씬 더 많다. 따라서 일요일에 업무를 하지 않는 고용노동부와 산업인력공단이 어떻게 효율적으로 사업을 할 수 있겠느냐는 비판을 받고 있다. 실제로 정부는 최근 다시 전국 자치단체를 통해 외국인 노동자 지원사업을 맡을 민간기관을 모집하고 있다.

　　의정부외국인노동자지원센터가 조속히 부활해야 한다는 생각이다. 이에 경기북부지역과 강원도 철원까지 취업적응 및 사업주의 원활한 인력 활용 지원을 위해 외국인 노동자와 고용사업주의 애로사항 상담통역 제공, 한국어교육, 각종 문화행사 및 특성화 사업을 진행해온 의정부외국인노동자지원센터의 최근 사업 수행 실태를 살펴본다.

　　먼저, 외국인을 위한 한국어교육, 컴퓨터교육, 법률교육, 산업안전교육, 귀국준비교육 등의 교육사업이다. 다음으로 외국인 노동자가 소외되지 않고 주체적인 삶으로 한국을 경험하고 자국의 문화를 한국에 알리며 다문화사회를 여는 주체가 되도록 지원하는 문화행사(HaHa Festival)다. 참여 공동체는 스리랑카, 태국, 캄보디아, 베트남, 몽골, 방글라데시, 우즈베키스탄, 필리핀, 인도네시아로 외국인 노동자가 준비하는 국가별 전통명절 및 기념행사 등을

의정부외국인노동자지원센터 입구와 다문화전시실

지원했다. 외국인 노동자가 주관하는 축제는 작지만 내외국인이 함께 즐기고 공감하는 축제로 발전했다. 또한, 특성화사업으로 무료진료와 다문화전시실 및 14개국 4,500여 권의 도서를 보유한 하하아시안도서관(Harmony & Happiness Asian Library) 운영이다. 아래는 의정부외국인노동자지원센터 입구와 1층에 있는 다문화전시실 모습이다.

또, 아래는 의정부외국인노동자지원센터 홈페이지에 나와 있는 일부 행사 사진들이다.*

의정부외국인노동자지원센터 한국어교육 입학식과 수업

출처: 의정부외국인노동자지원센터

의정부외국인노동자지원센터 문화행사 스리랑카(좌), 몽골(우)

출처: 의정부외국인노동자지원센터

---

* 　의정부외국인노동자지원센터, http://www.ufwc.or.kr/main/index.jsp

외국인 주민의 벗! 양주출입국·외국인사무소

경기북부지역의 이주 외국인을 위한 법무부 행정관서인 양주출입국·외국인사무소는 경기북부지역에 거주하는 외국인 주민이 반드시 찾아야 하는 필수 코스다. 관할 지역은 의정부시, 동두천시, 구리시, 남양주시, 양주시, 연천군, 포천시(고양시, 파주시 제외)와 강원도 철원군이다. 교통은 의정부에서 동두천까지 지하철 1호선이 연결되어 있어서 인근 지역 거주자들에게 편리하다. 1호선 덕계역 1번 출구로 나와 도보로 20분을 걸어서 회천2동 주민센터에 나란히 있어서 찾기는 어렵지 않다. 입구에 들어서면 우측에 민원인을 위한 이주민 봉사자들이 항시 대기하여 접수부터 친절하게 안내하고 있어 처음 방문한 이주민도 편안한 마음으로 자기 나라의 언어로 도움을 받을 수 있다.

양주출입국관리사무소는 1992년 법무부 서울출입국관리사무소 의정부출장소 신설로 시작해 2006년 2월 법무부 의정부출입국관리사무소로 승격되었으나, 장소가 협소하여 양주시 덕계동에 새로운 청사를 건립하고 2010년 2월 25일 문을 열었다. 다시 2018년 5월 10일 양주출입국관리사무소에서 양주출입국·외국인사무소로 개칭되었다. 주요 업무는 관내 내외국인의 출입국 심사, 출입국 사범의 단속 및 수사, 외국 단체의 등록 및 활동 조사 등 출입국 관리에 관한 사무를 담당한다.

출입국사무소의 현황을 소개하면 2010년 문을 연 신청사는 양주시 덕계동 4옛 국군덕정병원 부지 6,612m²에 지하 1층, 지상 4층 규모로 건립되었다. 종합민원실, 강당, 조사과, 교육실, 이민정책자료실, 사범과 등을 갖추고 있으며 불법체류자 보호실, 수유실, 다문화 북카페 등의 편의공간도 마련되어 있다. 관할 지역의 체류 외국인은 6만여 명(등록 4만 명, 불법체류 2만여 명)으로 하루 700~800여 명의 민원인이 방문하는 것으로 추산되고 있으며, 최근 수년간 코로나19로 인한 인력 부족이 심화하여 2024년부터는 정부의 이주민 도입 쿼터가 크게 확장될 계획이어서 방문외국인 주민도 많이 증가할 것으

사무소 내 카페의 작은 놀이터

로 보인다.

 2010년 이전 신축 당시 2층 다문화 북카페는 출입국사무소를 찾는 이주민이 편안히 쉴 수 있는 공간을 마련해야 한다는 소장의 의지에 따라 설치되었다. 좋은 모델이 춘천출입국사무소에 있다는 정보가 있어 춘천까지 다녀온 적이 있다. 소장을 포함한 실장과 저자도 동행했는데 막상 도착해보니 춘천사무소도 건축이 한창이었고, 정작 카페는 춘천 시내에 있었다. 이주여성들이 시내 상가 2층 30여 평을 임대하여 교대로 봉사하고 있었다. 카페는 이주여성들의 쉼터이자 사랑방 역할을 했다. 저렴한 가격에 간단한 음식(라면 등)을 먹을 수 있고, 커피나 차도 마실 수 있었다.

 양주사무소 2층에 설치된 다문화 카페는 처음에는 직원식당으로 검토되기도 했으나 결혼이주여성들이 자발적인 봉사로 운영하는 오늘날의 카페로 발전하게 되었다. 카페에 들어서면 아동들을 위한 작은 놀이터가 있고, 이주민을 위한 각종 정보지가 있으며, 회원들이 기부한 각국의 전통악기, 생활용품, 그림이나 사진이 전시되어 있고, 저렴한 가격으로 커피와 차도 마실 수

회원들이
기부한
각국의
전통악기를
갖춘
사무소 내 카페

있어서 민원인의 사랑을 받고 있다. 그러나 카페 위치가 2층이다 보니 출입
국사무소의 성격상 민원인이 여유 있게 시간을 보내기는 어려웠을 것이다.
한때 이용하는 민원인이 적어 운영에 어려움이 있었으나 봉사자들이 마음과
시간을 모아 이주 민원인의 정보교류와 사랑방 역할로 15년이 넘게 운영되
고 있다. 이제는 양주출입국사무소의 대표적인 명소로 자리 잡고 있다.

양주출입국사무소 설립 초기인 2011년 여름, 사무소 직원과 결혼이민
자 네트워크 봉사자들이 집중호우로 피해를 본 경기북부지역의 결혼이민자
가정을 방문해 수해복구 봉사활동을 펼친 것은 이후에도 계속 전해져오는
미담이다. 또한, 양주출입국·외국인사무소는 세계인의 날(매년 5월 20일) '다문
화 축제'와 '결혼이민여성 패션쇼'를 개최하는 등 외국인의 정착 및 다문화가
정의 행복을 위해 노력하고 있다. 특히 사회통합 프로그램(KIIP)과 조기교육
프로그램, 국제결혼 정보화 교육은 이주 외국인에게 매우 인기 있는 과정으
로 온라인 신청 5분 만에 마감될 정도로 호응이 높다.

사회통합 프로그램을 이용하기 원하는 이주민은 출입국사무소에 문의
하거나 인터넷 하이코리아에 접속하면 자세한 안내를 받을 수 있다. 교육 장
소는 경기북부지역에 분포되어 있어 가까운 곳에서 교육을 받을 수 있고, 온
라인 강의도 개설되어 있어 편리하다.

경기북부지역에는 중국동포타운이나 고려인마을이 형성되지 않았다. 오히려 동두천과 파주에 아프리카 이주민 공동체가 형성된 상태다. 난민 체류자격이 많은 아프리카 이주민을 제외할 때, 경기북부는 E-9 체류자격 체류 외국인이 비교적 많은 특성으로 인해 다양한 국적과 인종의 외국인을 만날 수 있다. 그러나 경기북부지역은 의정부시, 포천시, 동두천시를 축으로 서쪽으로는 파주시, 고양시부터 동쪽으로는 남양주시, 구리시, 북쪽으로는 강원도 철원까지 지역이 매우 넓고 지역 간 연계 교통이 불편하여 민원인이 접근하기에 어려움이 많다. 그러한 관계로 파주시와 고양시가 별도의 출입국사무소로 독립되었다(양주출입국·외국인사무소 고양출장소). 그러나 아직도 지역 간의 거리가 멀고, 이주 외국인 주민의 지속적인 증가로 지역 출장소 설치가 검토되어야 한다(자료지원: 양주출입국사무소, 한국학중앙연구원 향토문화전자대전).

양주출입국 · 외국인사무소 국적증서 수여식

출처: 연합뉴스TV